Politik verstehen und mitgestalten für Dummies

Schummelseite

DAS POLITISCHE SYSTEM DEMOKRATIE

Politik bedeutet, dass eine Gemeinschaft sich Regeln gibt.

Es gibt verschiedene politische Systeme, die sich dadurch unterscheiden, wie die Macht verteilt ist.

In einer **Demokratie** geht die Macht vom Volk aus. Das zeichnet moderne Demokratien aus:

- ✔ Partizipation
- ✔ Repräsentation
- ✔ Pluralismus
- ✔ Grundrechte
- ✔ Rechtsstaatlichkeit
- ✔ Gewaltenteilung

DAS GRUNDGESETZ

Das politische System Deutschlands ist im **Grundgesetz** festgehalten. Es ist nach dem Zweiten Weltkrieg entstanden und wurde 1949 verabschiedet. Das sind die wichtigsten Elemente des Grundgesetzes:

- ✔ **Grundrechte:** unter anderem das Recht auf Leben und körperliche Unversehrtheit, auf Freiheit, auf Gleichheit vor dem Gesetz, auf Gleichberechtigung, auf Glaubensfreiheit, auf Meinungs- und Versammlungsfreiheit, auf Berufsfreiheit, auf Eigentum und auf Asyl
- ✔ Deutschland ist eine **Demokratie**, ein **Rechtsstaat**, ein **Sozialstaat** und ein **Bundesstaat**, der in mehrere Bundesländer aufgeteilt ist.

Politik verstehen und mitgestalten für Dummies

Schummelseite

DIE GEWALTENTEILUNG

Die **Gewaltenteilung** ist eine der wichtigsten Grundsäulen unserer Demokratie. Die Staatsgewalt wird nicht von einer Institution ausgeübt, die diese Macht missbrauchen könnte, sondern auf verschiedene Gewalten aufgeteilt, die sich gegenseitig kontrollieren:

- ✔ **Bundestag** und **Bundesrat** sind die Legislative: Sie machen die Gesetze.
- ✔ Die **Bundesregierung** und die Verwaltung sind die Exekutive: Sie führen die Gesetze aus.
- ✔ Das **Bundesverfassungsgericht** und die weiteren Gerichte sind die Legislative: Sie legen die Gesetze aus und sprechen Recht.

SO KÖNNT IHR EUCH EINBRINGEN

Es gibt in Deutschland eine Vielzahl von Möglichkeiten, wie ihr euch mit euren Ideen und Vorstellungen einbringen könnt:

- ✔ **Wahlen:** Repräsentation bedeutet, dass die Bürger Politiker und Parteien wählen, die ihre Interessen vertreten, also an ihrer Stelle politische Entscheidungen treffen.
- ✔ **Direkte Demokratie:** zum Beispiel Volksbefragung, Volksbegehren, Volksentscheid, Bürgerräte
- ✔ **Petitionen**
- ✔ **Austausch mit Politikern:** zum Beispiel Bürgersprechstunden, Bürgerdialoge, Einwohneranfragen
- ✔ Engagement in einer **Partei**
- ✔ Engagement in **Vereinen**, **Verbänden**, **Bewegungen**
- ✔ Politischer **Protest:** zum Beispiel Demonstrationen, Aktionen, Boykott, Streik, ziviler Ungehorsam

Politik verstehen und mitgestalten für Dummies

Julia Karnahl

Politik verstehen und mitgestalten

für dummies®

Fachkorrektur von Dominik von Maffei

WILEY-VCH GmbH

Politik verstehen und mitgestalten für Dummies

Bibliografische Information der Deutschen Nationalbibliothek

Die Deutsche Nationalbibliothek verzeichnet diese Publikation in der Deutschen Nationalbibliografie; detaillierte bibliografische Daten sind im Internet über `http://dnb.d-nb.de` abrufbar.

1. Auflage 2025

Coverillustration: Jacob Lund - `stock.adobe.com`
Korrektur: Geesche Kieckbusch
Satz: Straive, Chennai, India
Druck und Bindung:

Print ISBN: 978-3-527-72193-1
ePub ISBN: 978-3-527-84767-9

Über die Autorin

Politik hat Julia Karnahl schon immer interessiert. Sie fand es spannend, verschiedene politische Ideen kennenzulernen und darüber nachzudenken: Welche Vorstellungen hatten die Menschen früher und wozu hat das geführt? Nach welchen politischen Werten leben wir heute? Und welche Zukunftsvisionen haben wir? Sie hat auch immer gerne mit anderen darüber diskutiert und manchmal gestritten, wie die Gesellschaft aussehen sollte, in der wir leben.

Nach der Schule hat die Autorin Politikwissenschaften studiert, dazu Literatur und Theaterwissenschaften. Während des Studiums hat sie zum einen journalistisch gearbeitet, zum anderen im Bereich Verlag und Sachbuch.

Als sie mit der Uni fertig war, ist sie zur Jugendzeitschrift SPIESSER gegangen und hat dort erst den Bereich Gesellschaft und Politik, dann die ganze Redaktion verantwortet.

Später hat Julia Karnahl lange bei der Kinder- und Jugendkommunikationsagentur jungvornweg gearbeitet. Dort war sie für den Bereich politische Bildung verantwortlich. Unter anderem hat sie die Jugendseite des Deutschen Bundestages **mitmischen.de** und die Social-Media-Kommunikation der Berliner Landeszentrale für politische Bildung umgesetzt.

Jetzt arbeitet sie bei der Gemeinnützigen Hertie-Stiftung und entwickelt dort den Bereich Demokratieförderung mit weiter.

Sie ist absolut überzeugt davon, dass wir Menschen am glücklichsten sind, wenn wir unser Leben und unser Umfeld aktiv mitgestalten. Dazu möchte sie ermutigen. Deshalb hat sie dieses Buch geschrieben. Weil sie glaubt, dass es wichtig ist, dass möglichst alle Menschen verstehen, wie Politik funktioniert, und vor allem auch erkennen, wie sie daran teilhaben und sich einbringen können.

Auf einen Blick

Inhaltsverzeichnis

Einleitung

Hallo. Schön, dass ihr hier seid. Ich freue mich über jeden, der dieses Buch liest. Nicht weil ich es geschrieben habe, sondern weil ich es wirklich wichtig finde zu verstehen, wie politische Entscheidungen zustande kommen – denn erst dann kann man sie beurteilen und mitgestalten. Diese kurze Einführung gibt euch einen Überblick über *Politik verstehen und mitgestalten für Dummies.* Ich erkläre darin, was das Buch ausmacht, wer es lesen sollte, wie es aufgebaut ist und welche Themenschwerpunkte es enthält. Außerdem erläutere ich die Symbole, die immer wieder auftauchen, und verrate euch, was ihr beim Lesen auch weglassen könnt, wenn ihr nur die Basics wollt.

Über dieses Buch

In diesem Buch möchte ich im Wesentlichen drei Dinge tun:

- Ich möchte kurz, pointiert und für jeden verständlich erklären, wie Politik in Deutschland funktioniert: wie Entscheidungen entstehen, wer sie wie beeinflusst, wie wir sicherstellen, dass niemand seine Macht missbraucht.
- Ich möchte klar aufzeigen, warum es eine gute Sache ist, dass wir in einer Demokratie leben, und erläutern, warum die Demokratie es aktuell nicht leicht hat und was wir tun können, um sie zu stärken.
- Ich möchte viele ganz unterschiedliche Möglichkeiten beschreiben, wie ihr politisch aktiv werden und eure Interessen vertreten könnt.

Törichte Annahmen über die Leser

Ich nehme an und hoffe, dass ihr

- junge Menschen seid, die sich für das, was um sie herum passiert, interessieren.
- verstehen möchtet, wie die Regeln, die für uns alle gelten, zustande kommen.
- euch auf der Basis von Informationen eine eigene Meinung zu aktuellen politischen Geschehnissen bilden wollt.

- ✔ vielleicht schon politisch aktiv seid oder es werden wollt und euch für verschiedene Möglichkeiten der Partizipation interessiert – spätestens nachdem ihr das Buch gelesen habt.

Konventionen in diesem Buch

Was mir noch wichtig ist: Normalerweise gendere ich, wenn ich schreibe. Da das in den Dummies-Büchern nicht üblich ist, benutze ich in diesem Buch die männliche Form – sowohl im Singular als auch im Plural –, auch wenn ich beide Geschlechter meine. Wenn ich also schreibe »der Bundeskanzler«, dann kann das selbstverständlich genauso gut eine Bundeskanzlerin sein. Und wenn ich »die Politiker« schreibe, meine ich auf jeden Fall »die Politikerinnen und Politiker«.

Symbole, die in diesem Buch verwendet werden

Die folgenden Symbole werden euch im Buch immer wieder begegnen. Dahinter verbergen sich ergänzende Informationen zu dem Thema, um das es gerade geht:

Hier beleuchte ich einen interessanten Nebenaspekt eines Themas noch mal genauer.

Hier belege ich eine Information mit einem konkreten Beispiel, damit ihr euch besser vorstellen könnt, worum es geht.

Hier greife ich häufige oder wichtige Fragen zu einem Thema auf und beantworte sie kurz.

Hier warne ich vor häufigen Missverständnissen oder übereilten Fehlschlüssen zu einem Thema.

Wie dieses Buch aufgebaut ist

Politik verstehen und mitgestalten für Dummies besteht aus vier Teilen zu vier verschiedenen großen Themenschwerpunkten und den Top-Ten-Listen. Die Teile sind jeweils in Kapitel und die wiederum in Abschnitte unterteilt. Am Anfang jedes Kapitels steht eine ganz kurze Einführung, damit ihr wisst, was euch erwartet. Ihr könnt jedes Kapitel für sich lesen, dafür braucht ihr kein Vorwissen aus den vorherigen Kapiteln.

Teil I: Politik und Demokratie – von Macht, Fairness und Selbstbestimmung

Im ersten Teil erfahrt ihr, was Politik eigentlich bedeutet und welche unterschiedlichen politischen Systeme es gibt. Der Schwerpunkt liegt auf der Demokratie. Ich grenze sie von anderen Herrschaftsformen ab und erkläre ihre Besonderheiten. Anschließend geht es um die Geschichte und die Inhalte des Grundgesetzes, das unser politisches System definiert. Zum Schluss werden die drei Gewalten vorgestellt, auf die die Staatsgewalt in Deutschland aufgeteilt ist: Legislative, Exekutive und Judikative.

Teil II: Kompromisse finden – wie viel Streit gut ist

Ein wichtiger Aspekt von Demokratie ist Pluralität: das Nebeneinander, der faire Wettstreit von unterschiedlichen politischen Meinungen. In diesem Teil geht es darum, was Debattenkultur bedeutet und wie das politische Meinungsspektrum von links bis rechts aussieht, welche Parteien wofür stehen und welche Institutionen neben Parteien Einfluss auf politische Entscheidungen nehmen. Es geht darum, warum Parteien sich zu Koalitionen zusammenschließen, welche Rolle die Opposition im politischen Betrieb spielt und welche die Medien.

Teil III: Regeln, die für alle gelten – so entstehen Gesetze

In diesem Teil geht es darum, wie unsere Gesetze entstehen. Ich erkläre, was auf Bundes- und was auf Länderebene entschieden wird und was jede Kommune für sich selbst festlegen darf. Den Weg eines Gesetzes auf Bundesebene zeichne ich Schritt für Schritt nach. Und schließlich geht es um die wichtigsten internationalen Bündnisse, denen Deutschland angehört und deren Grundsätze und Vereinbarungen auch eine wichtige Rolle spielen, wenn in Deutschland Entscheidungen getroffen werden.

Teil IV: Eure Stimme zählt – wie ihr euch einbringen könnt

Der vierte Teil dreht sich um die vielen verschiedenen Möglichkeiten, sich politisch einzubringen. Es geht um Wahlen, um Petitionen, um Formate, bei denen man mit Politikern direkt ins Gespräch kommen kann, und um Elemente der direkten Demokratie in Deutschland. Es geht um das Engagement innerhalb einer Partei oder in Vereinen, Verbänden und Bewegungen. Schließlich geht es um verschiedene Protestformen und die Frage, was sie bewirken können.

Teil V: Der Top-Ten-Teil

Im letzten Teil gibt es drei Listen, die zum Weiterdenken, zum Diskutieren und Handeln anregen sollen. Ihr findet hier: 10 dumme Sätze über Politik, 10 gute Fragen an Politiker und 10 Zukunftsideen für Politik in Deutschland.

Was ihr nicht lesen müsst

Politik verstehen und mitgestalten für Dummies ist modular aufgebaut. Das heißt, ihr müsst es nicht von vorne bis hinten am Stück durchlesen, sondern ihr könnt euch auch einzelne Kapitel herauspicken, die euch gerade besonders interessieren, und sie einzeln lesen. Innerhalb der Kapitel findet ihr die wichtigsten Informationen im Haupttext, in den Kästen findet ihr Vertiefungen zu einzelnen Aspekten des Themas, die ihr auch weglassen könnt, wenn es euch nur um die grundlegenden Fakten geht.

Wie es weitergeht

Weiter geht es direkt mit der ganz großen Frage: Was ist Politik? Kleiner Spoiler: Eigentlich ist (fast) alles Politik. Welche Fragen sich daraus ergeben und wie sich aus den Antworten unterschiedliche politische Systeme herausbilden, das folgt auf den nächsten Seiten.

Viel Spaß beim Lesen, beim Mitdenken, gerne auch beim innerlichen Widersprechen, wenn ihr etwas anders seht, und vor allem beim Entwickeln von eigenen Meinungen und Ideen!

Teil I
Politik und Demokratie – von Macht, Fairness und Selbstbestimmung

IN DIESEM TEIL ...

- ✔ Warum eigentlich alles Politik ist
- ✔ Was eine Demokratie ausmacht
- ✔ Welche anderen Staatsformen es gibt
- ✔ Was im Grundgesetz steht und warum das so wichtig ist
- ✔ Die Rolle von Bundestag und Bundesrat, Bundesregierung und Verwaltung, Gerichten und des Bundespräsidenten

IN DIESEM KAPITEL

Verbindliche Entscheidungen für eine Gemeinschaft

Was politisch und was privat ist

Verschiedene politische Systeme

Die Idee des Staats

Kapitel 1
Was genau ist eigentlich Politik?

Politik bedeutet im Prinzip einfach, dass eine Gruppe von Menschen Entscheidungen trifft, die für eine ganze Gemeinschaft gelten. Wer zu dieser Gruppe von Entscheidern gehört, mit welchen Fragen sie sich beschäftigt und wie ihre Entscheidungen zustande kommen, das kann sich natürlich sehr stark unterscheiden.

Jede Gemeinschaft muss sich Regeln geben

Wir Menschen sind grundsätzlich soziale Wesen. Wir könnten nicht gut ganz allein als einzelne Person überleben. Deshalb tun wir uns in Gruppen zusammen, in Gemeinschaften.

Es gibt ganz unterschiedliche Arten von Gemeinschaften: kleine und große, informelle und sehr formelle, solche, die durch äußere Gründe entstehen, und solche, die freiwillig gewählt werden, weil man zum Beispiel ähnliche Interessen hat.

Eine Schulklasse ist eine Gemeinschaft. Eine ganze Schule ist eine etwas größere Gemeinschaft. Es gibt Interessensgemeinschaften wie Sportgruppen und Vereine. Es gibt Gemeinschaften, die sich dadurch begründen, dass man zusammen wohnt: in einer Wohngemeinschaft, in einem Haus, in einem Stadtteil. Es gibt aber auch Gemeinschaften, die über die ganze Welt verteilt sind, zum Beispiel Religionsgemeinschaften.

Jede Gemeinschaft hat Regeln, an die die Mitglieder der Gemeinschaft sich halten sollen. Diese Regeln definieren, wie die Menschen in dieser Gemeinschaft miteinander umgehen wollen, was sie gut finden und was sie nicht möchten. Wenn jemand gegen die Regeln verstößt, hat das Konsequenzen: Er muss sich vor der Gemeinschaft rechtfertigen und wird im Zweifel bestraft.

Kleine Gemeinschaften haben oft weniger feste Regeln, weil ihre Mitglieder sich gut kennen und einander vertrauen. Außerdem können sie Konflikte besser direkt miteinander lösen. Je größer eine Gemeinschaft ist, desto mehr Regeln muss sie festlegen, weil sie nicht jeden Streitfall mit allen Mitgliedern der Gemeinschaft einzeln besprechen kann.

Im Rahmen ihrer Regeln trifft die Gemeinschaft auch Entscheidungen, die verbindlich für alle gelten: Die Schulklasse entscheidet, wo der nächste Klassenausflug hingeht. Die Hausgemeinschaft entscheidet, ob in den Garten ein Trampolin oder ein Gemüsebeet kommt. Der Sportverein entscheidet, ob es ein großes Sommerfest oder eine Weihnachtsfeier gibt.

Politische Entscheidungen werden in ganz unterschiedlichen Bereichen getroffen. Deshalb spricht man von **Politikfeldern**. Die Entscheidungen werden nach Themenfeldern zusammengelegt, sodass diejenigen, die sie treffen, Expertise in diesem Bereich aufbauen können.

In einer Abschlussklasse gibt es oft verschiedene Arbeitsgruppen: Manche kümmern sich um die Finanzierung der Abschlussfeier, andere um die Organisation der Abschlussfahrt, wieder andere um das Entstehen einer Abschlusszeitung.

Einige Beispiele für Politikfelder auf Länderebene sind:

- ✔ Bildungspolitik: Bildungspolitiker entscheiden darüber, wie Schüler lernen sollen. Sie legen unter anderem fest, welche Schulformen es gibt, wie die Lehrpläne ausgestaltet sind und wie die Abschlussprüfungen aussehen.

- Familienpolitik: Familienpolitiker denken darüber nach, wie Familien vom Staat unterstützt werden können, welche Ansprüche sie zum Beispiel auf Kinderbetreuung und finanzielle Hilfen haben.
- Umweltpolitik: Umweltpolitiker entscheiden unter anderem, wie Tiere geschützt werden, was der Staat gegen den Klimawandel unternimmt und an welche Regeln sich Unternehmen halten müssen, um die Umwelt zu schützen.
- Außenpolitik: Außenpolitiker beschäftigen sich damit, welchen Kontakt das Land zu anderen Ländern hat, mit wem zum Beispiel welche gegenseitigen Absprachen zu Themen wie Handel oder Einreise getroffen werden.

Das Gegenteil von politisch ist privat

Private Entscheidungen gelten nicht für eine ganze Gruppe, sondern nur für den Einzelnen selbst. Ob ihr ein Müsli oder ein Brötchen frühstückt, ist eure private Entscheidung. Welche Musik ihr hört, was ihr anzieht, ob ihr in eurer Freizeit Volleyball, Geige oder Computerspiele spielt – alles private Entscheidungen, solange sie andere Menschen nicht einschränken.

Das ist übrigens ein typisches Merkmal von Diktaturen: Sie greifen massiv in die Privatsphäre der Menschen ein. Sie schreiben vor, welche Medien ihre Bürger nutzen, wie sie ihre Kinder erziehen, worüber sie reden und mit wem sie eine Beziehung haben dürfen.

Wie die Macht verteilt wird

Die spannenden Fragen sind jetzt natürlich:

- Wer legt die Regeln fest? Wer trifft Entscheidungen?
- Wer hat das Recht, sie durchzusetzen und im Zweifel diejenigen zu bestrafen, die sich nicht daran halten?

Wer diese Rechte hat, hat Macht. Und wer diese Macht in einer Gemeinschaft hat, das legt die jeweilige Verfassung fest, die die Gemeinschaft sich gegeben hat.

Beispiel Klassenausflug: Vielleicht bestimmt der Lehrer, wo es hingeht. Vielleicht macht er aber auch eine Umfrage unter den Schülern. Oder er überlässt die Entscheidung den gewählten Klassensprechern.

Ein **politisches System** ist die Summe aller staatlichen und außerstaatlichen Institutionen und Akteure, Regeln und Prozesse, die das Zusammenleben strukturieren.

Wenn wir an den Begriff politisches System denken, meinen wir damit in der Regel, wie ein Staat aufgestellt ist. Dafür gibt es erst mal zwei wichtige Aspekte:

- Die **Staatsform** legt fest, wie das Staatsoberhaupt bestimmt wird.
- Die **Herrschaftsform** legt fest, wer die Entscheidungsgewalt hat.

Diese beiden Staatsformen gibt es:

- **Monarchie:** In den meisten Monarchien wird das Staatsoberhaupt durch seine Geburt bestimmt: Es gibt eine Königsfamilie und das älteste Kind dieser Familie wird jeweils das nächste Staatsoberhaupt. Deutlich seltener ist die Wahlmonarchie, bei der der Monarch gewählt wird.
- **Republik:** In einer Republik entscheidet eine Gruppe von Menschen, wer das nächste Staatsoberhaupt ist.

Eine Republik ist nicht automatisch demokratisch. Das Staatsoberhaupt kann in freien Wahlen vom Volk gewählt werden, das muss aber nicht so sein. Es gibt auch Republiken, in denen eine kleine privilegierte Gruppe von Menschen bestimmt, wer an die Macht kommt.

Der zweite wichtige Punkt ist die Herrschaftsform, auch Regierungsform genannt. Grob kann man diese beiden Regierungsformen unterscheiden:

- **Demokratie:** In einer Demokratie entscheidet das Volk, also die ganze Gemeinschaft.
- **Diktatur:** In einer Diktatur trifft eine Person oder eine kleine Gruppe von Menschen (etwa eine Partei oder das Militär) die Entscheidungen alleine.

Abbildung 1.1 zeigt verschiedene politische Systeme auf.

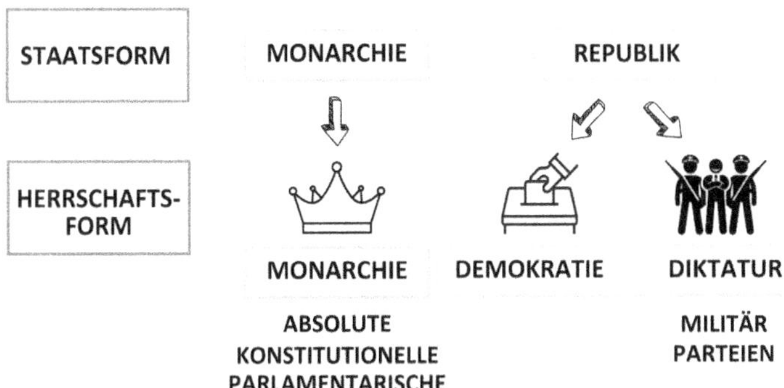

Abbildung 1.1: Staats- und Herrschaftsformen

Bei all diesen Systemen gibt es eine große Bandbreite an Spielarten, wie sie kombiniert und wie sie genau ausgeformt sein können. (Mehr dazu lest ihr in Kapitel 2 »Was eine Demokratie ausmacht«.)

Die meisten Länder haben eine Verfassung, in der (unter anderem) festgehalten ist, nach welchem politischen System sie funktionieren, in welcher Staatsform sie verfasst sind. (Mehr zur deutschen Verfassung lest ihr in Kapitel 3 »Demokratie in Deutschland: Das Grundgesetz legt das Wichtigste fest«.)

In Deutschland werden Entscheidungen auf kommunaler Ebene oft anders getroffen als Entscheidungen, die für ganz Deutschland gelten. Und auch die Bundesländer haben unterschiedliche Systeme – deshalb haben sie auch eigene Verfassungen. Trotzdem ist Deutschland insgesamt eine demokratische Republik, und diese Struktur muss sich auf allen Ebenen widerspiegeln.

Warum es Staaten gibt

Ein Staat ist im Prinzip eine politische Einheit. Er bezeichnet einen Raum, in dem Menschen als Gemeinschaft unter bestimmten Regeln zusammenleben.

Ein Staat, wie wir ihn heute verstehen, hat diese drei Elemente:

- Das **Staatsgebiet** beschreibt das Territorium, auf das sich der Staat erstreckt.
- Das **Staatsvolk** ist die Summe der Menschen, die in dem Staat leben.
- **Staatsgewalt** bedeutet, dass der Staat das Gewaltmonopol hat.

Was genau bedeutet es, dass der Staat das Gewaltmonopol hat? Das heißt, nur die staatlichen Institutionen dürfen Menschen zu etwas zwingen: Sie können ihnen eine bestimmte Schule zuweisen, sie können sie dazu verpflichten, Steuern zu bezahlen, sie können sie auch ins Gefängnis stecken, wenn sie gegen die Regeln verstoßen haben.

Verschiedene Staatsbegriffe

Wenn wir Staat sagen, meinen wir heute Nationalstaat. Ein Nationalstaat ist ein Staat, in dem die Nation, also die Gemeinschaft, das Volk auf dem Gebiet des Staates zusammenlebt. Diese Idee ist aber noch gar nicht so alt. Sie entwickelte sich vor etwa 200 Jahren.

Davor gab es häufig reine Territorialstaaten. Das heißt, es gab ein Staatsoberhaupt, zum Beispiel einen Fürsten, der ein bestimmtes Gebiet für sich beanspruchte und die Menschen, die darauf lebten, beherrschte. Diese Menschen bildeten aber keine ethnische Gemeinschaft. Sie gehörten oft unterschiedlichen Gruppen an, die sich nicht zusammengehörig fühlten.

Daneben gab es auch Stammesstaaten, in denen sich der Herrschaftsanspruch des Oberhauptes nicht auf ein Territorium, sondern auf eine bestimmte Personengruppe, einen Stamm zum Beispiel, richtete, unabhängig davon, wo diese Personen angesiedelt waren.

Die Gebiete der verschiedenen Staaten sind heute sehr klar abgesteckt. Man kann sie auf Landkarten genau nachvollziehen, oft sind sie auch durch sichtbare Grenzen markiert.

Warum werden manche Staaten von anderen nicht anerkannt?

Zu solchen Situationen kommt es, wenn es Gebietskonflikte gibt und zwei Staatsoberhäupter die Herrschaft über das gleiche Stück Land für sich beanspruchen. Ein Beispiel ist Taiwan: Die Insel beansprucht für sich Unabhängigkeit und nennt sich Republik China. Die große Volksrepublik China aber ist der Meinung, dass Taiwan zu ihr gehört, und erkennt die Republik China deshalb nicht an. Eine Zeitlang war die Republik China ein eigenständiges Mitglied der Vereinten Nationen, seit 1971 ist sie das nicht mehr. Inzwischen erkennen nur noch wenige andere Staaten die Republik China an. Deutschland gehört nicht dazu: Es gibt zwar wirtschaftliche, kulturelle und wissenschaftliche Beziehungen zu Taiwan, aber keine diplomatischen.

In Deutschland gibt es die in weiten Teilen rechtsextreme Reichsbürger-Bewegung, die der Meinung ist, die Bundesrepublik Deutschland sei ein völkerrechtlich nicht legaler Staat. Sie behaupten, das Deutsche Reich aus der Zeit vor dem Zweiten Weltkrieg existiere weiter. Das ist natürlich nicht so. Die Reichsbürger haben sich eine eigene Flagge gegeben und stellen sich sogar eigene Ausweise aus. Trotzdem gilt für sie natürlich das gleiche Recht wie für alle anderen Menschen in Deutschland.

Etwas unklarer ist oft der Begriff des **Volkes**. Ist das Volk die Summe aller Menschen, die in einem Staat leben? Oder braucht es gewisse Gemeinsamkeiten, eine gemeinsame Sprache oder gemeinsame Werte etwa? Muss ein Mitglied der Gemeinschaft auch Staatsbürger sein? Oder zumindest eine gewisse Zeit im Land leben? Auf diese Fragen gibt es keine allgemeingültigen Antworten.

Unterscheiden kann man auf jeden Fall zwischen:

- ✔ **Staatsbürgern:** Nur sie haben gewisse Bürgerrechte wie zum Beispiel das Wahlrecht und das Recht auf freie Wahl des Arbeitsplatzes. Sie können sich im ganzen Bundesgebiet frei bewegen und dürfen die Staatsangehörigkeit nicht entzogen bekommen.
- ✔ **Bewohnern, die keine Staatsbürger sind:** Für sie gelten die Bürgerrechte, die das Verhältnis von Einzelperson und Staat regeln, nicht automatisch. Allgemeine Menschenrechte aber schon.

Auf Bundesebene dürfen in Deutschland nur Staatsbürger wählen. Bei anderen Wahlen, zum Beispiel auf kommunaler Ebene, dürfen aber teilweise auch Menschen wählen, die dauerhaft in Deutschland leben, aber keine Staatsbürgerschaft haben. Und bei den Europawahlen dürfen auch Staatsbürger anderer EU-Länder, die in Deutschland leben, wählen.

Die Existenz von Staaten schafft Ordnung. Sie macht für jeden nachvollziehbar: Aha, auf diesem Stück Land lebt eine Gruppe von Menschen, die von diesem Staatsoberhaupt vertreten wird. Es ist klar: Der Staat kümmert sich um die Angelegenheiten der Menschen, die dort leben, und er kümmert sich darum, dass er unabhängig bleibt und nicht von außen bedroht wird.

Die Utopie einer Welt ohne Grenzen

Könnte es auch eine Welt ohne Grenzen geben, eine Weltgemeinschaft, in der alle Menschen die gleichen Rechte haben? Diese Wunschvorstellung (Utopie) gibt es. Die Idee dahinter ist, dass Staatsbürgerschaft ein zufälliges Privileg ist, das zu globaler Ungerechtigkeit führt. Wer in einem reichen und freien Land geboren ist, hat nur aufgrund seiner Geburt massive Vorteile gegenüber jemandem, der in einem armen und/oder autoritären Land geboren ist. Diese Ungerechtigkeit könnte man überwinden, wenn es gar keine Staaten mehr gäbe. Doch obwohl zumindest in Europa und der westlichen Welt versucht wird, Grenzen so gut wie möglich abzubauen, ist es schwer vorstellbar, dass alle Länder der Welt sich bereiterklären könnten, ihre Souveränität zugunsten einer Weltgemeinschaft aufzugeben und ihre Privilegien mit allen Menschen zu teilen.

IN DIESEM KAPITEL

Demokratie – ein lebendiger Begriff im ständigen Wandel

Woran man moderne Demokratien erkennt und wie man Demokratie messen kann

Nicht-demokratische Staatsformen im Überblick

Gefahren für die heutige Demokratie und mögliche Antworten darauf

Kapitel 2
Was eine Demokratie ausmacht

Demokratie heißt: Die Macht liegt beim Volk. Aber was heißt das konkret? Es gibt verschiedene Spielarten von Demokratie – und es gibt viele, die sich Demokratie auf die Fahne schreiben, obwohl sie das Gegenteil davon leben. Die gute Nachricht ist: Man kann bei aller Vielfalt ganz gut überprüfen, wann Strukturen wirklich demokratisch sind und wann nicht.

Im Kern geht es um Selbstbestimmung

»Die Bundesrepublik Deutschland ist ein demokratischer und sozialer Bundesstaat.« So steht es im Grundgesetz. Die Demokratie ist wahrscheinlich das wichtigste Grundprinzip unseres Staates. Und auch wenn wir auf andere Länder schauen, teilen wir sie oft zunächst einmal ein in Demokratien und Nicht-Demokratien.

Der Begriff Demokratie kommt aus dem Griechischen. Er setzt sich zusammen aus:

- »demos« = Volk
- »kratia« = Herrschaft

Wörtlich bedeutet Demokratie also: Herrschaft des Volkes.

Die Stadtstaaten im antiken Griechenland waren eine sehr frühe Form der Selbstbestimmung: Im fünften und vierten Jahrhundert vor unserer Zeitrechnung kamen die Bürger dort zu Volksversammlungen zusammen und stimmten über Gesetze, Kriegsbeteiligungen, Steuern und vieles andere ab. Allerdings gab es damals sehr einschränkende Bedingungen für die Staatsbürgerschaft. Abstimmen durfte nur, wer einheimisch, männlich und wohlhabend war.

Das zeigt: Demokratie ist kein statischer Begriff. Demokratie wandelt sich und muss immer neu ausgehandelt werden. Denn die Fragen, wer zum Volk gehört und wie es sich konkret selbst regiert, lassen ziemlich viel Interpretationsspielraum.

Ein wichtiger Unterschied unserer heutigen Demokratie zum antiken Griechenland ist: Wir sind so viele Menschen, dass wir schlecht alle auf einem Dorfplatz zusammenkommen und per Handzeichen über die Steuersätze abstimmen können. Stattdessen wählen wir Politiker, die das stellvertretend für uns tun. Man nennt sie deshalb auch Volksvertreter. Diese Ausformung der Demokratie heißt **repräsentative Demokratie**.

Wie repräsentativ ist unsere heutige Demokratie?

Auch im heutigen Deutschland gibt es die Kritik, die Macht sei nicht repräsentativ genug verteilt. Diese Kritik betrifft im Wesentlichen zwei Aspekte:

- ✔ Manche Menschen seien vom Wählen ausgeschlossen, zum Beispiel weil sie noch nicht volljährig seien oder nicht die deutsche Staatsbürgerschaft hätten, obwohl sie langfristig in Deutschland lebten und die Entscheidungen der Politik sie auch beträfen.
- ✔ Die Politiker, die uns vertreten, bildeten die Bevölkerung nicht realistisch ab. Zum Beispiel gebe es immer noch deutlich mehr männliche Politiker, obwohl die Hälfte der Bevölkerung weiblich sei. Auch Menschen mit Migrationshintergrund und Menschen ohne höheren Bildungsabschluss seien in der Politik unterdurchschnittlich vertreten.

Es gibt deshalb immer wieder Diskussionen, ob zum Beispiel das Wahlalter gesenkt werden sollte oder ob es eine Frauenquote im Bundestag geben sollte.

Kann eine Demokratie sich selbst abschaffen mit demokratischen Mitteln?

Leider ja. Das zeigt die Geschichte der nationalsozialistischen Partei NSDAP, die 1933 ganz legal gewählt wurde und dann mit demokratischen Mitteln die Demokratie aushöhlte und letztlich abschaffte, indem sie Notstandsgesetze ausrief, die es dem Reichskanzler Adolf Hitler ermöglichten, ohne Zustimmung des Parlaments Gesetze zu erlassen. Diese Erfahrung hat die Erarbeitung des Grundgesetzes nach Ende des Zweiten Weltkriegs stark geprägt: Die Regelungen im Grundgesetz sollten dafür sorgen, dass so etwas nie wieder möglich ist – und das tun sie bis heute. (Mehr dazu erfahrt ihr in Kapitel 3 »Demokratie in Deutschland: Das Grundgesetz legt das Wichtigste fest«.)

Die Demokratie im Notfall verteidigen: Das Widerstandsrecht

Unser Grundgesetz ruft die Bürger dazu auf, die Demokratie im Krisenfall zu verteidigen, notfalls mit Gewalt: »Gegen jeden, der es unternimmt, diese Ordnung zu beseitigen, haben alle Deutschen das Recht zum Widerstand, wenn andere Abhilfe nicht möglich ist.« Dieses Widerstandsrecht wahrzunehmen, würde faktisch einen Staatsstreich bedeuten. Denn es kann nur greifen, wenn eine Institution wie die Regierung oder etwa das Militär alle Macht an sich reißen würde. Wäre das nicht der Fall, gäbe es andere Möglichkeiten, etwa einen Gerichtsprozess.

Übrigens steht das Widerstandsrecht erst seit 1968 im Grundgesetz. Damals wurden auch die Notstandsbefugnisse aufgenommen, die es dem Staat ermöglichen sollen, in Katastrophen- oder Verteidigungsfällen handlungsfähig zu bleiben. Aus Angst davor, dass diese Möglichkeit von der Staatsgewalt missbraucht werden könnte, entstand das Widerstandsrecht.

Das Widerstandsrecht wird immer wieder von Gruppen, die mit der aktuellen Politik nicht einverstanden sind, instrumentalisiert und dabei falsch dargestellt. Das geschah zum Beispiel in der Pandemie, als Gegner der Corona-Sicherheitsmaßnahmen sich auf das Widerstandsrecht beriefen. Die Maßnahmen waren aber natürlich nicht darauf ausgerichtet, die demokratische Ordnung zu beseitigen, sondern darauf, eine Ausbreitung des Virus einzudämmen.

Freiheit, Fairness, Raum zum Mitmachen: Demokratie-Basics

Wenn man den Begriff »demokratisch« in anderen Kontexten als in dem von Staaten benutzt, meint man meistens: Mitbestimmung. Heißt es zum Beispiel »Unsere Klasse hat demokratisch entschieden, wohin die Abschlussfahrt geht«, dann bedeutet das, dass die Schüler abgestimmt haben und das Reiseziel, das die Mehrheit gut fand, gewählt wurde. Tatsächlich ist Mitbestimmung ein wichtiges demokratisches Kriterium – aber eben nur eins.

Merkmale moderner Demokratien sind:

- ✔ **Partizipation:** Es gibt möglichst viele Möglichkeiten für möglichst viele Menschen, sich gesellschaftlich und politisch einzubringen.
- ✔ **Repräsentation:** Es regieren gewählte Volksvertreter, die nur für eine bestimmte Zeit gewählt werden (Herrschaft auf Zeit), sodass sie sich immer wieder dem Volk stellen und ihre Politik erklären und vertreten müssen.
- ✔ **Freie Wahlen:** Die Volksvertreter werden von den Bürgern in freien Wahlen gewählt. (Mehr dazu in Kapitel 13 »Wer wählen darf und was das bringt«.)
- ✔ **Pluralismus:** Dass die Menschen auch wirklich eine Wahl haben, heißt natürlich, dass es auch verschiedene Wahlmöglichkeiten gibt, also verschiedene politische Ideen, verschiedene Parteien, die miteinander in einem fairen Wettstreit stehen.
- ✔ **Grundrechte:** Allen Menschen werden ein paar grundlegende Rechte zuerkannt, für deren Einhaltung der Staat sich verantwortlich fühlt.
- ✔ **Rechtsstaatlichkeit:** Alle Menschen sind vor dem Gesetz gleich. Das heißt, alle müssen sich gleichermaßen an die bestehenden Gesetze halten. Wer dagegen verstößt, kommt vor ein Gericht, das unvoreingenommen und gerecht über den Verstoß urteilt.
- ✔ **Gewaltenteilung:** Die Staatsgewalt liegt nicht allein bei einer Institution wie etwa der Regierung, sondern ist auf verschiedene Institutionen aufgeteilt, die sich gegenseitig kontrollieren, damit es nicht zu Machtmissbrauch kommt.
- ✔ **Solidaritätsprinzip:** Die meisten modernen Demokratien sind Wohlfahrts- oder Sozialstaaten. Das bedeutet, dass Solidarität ein wichtiges

Prinzip ist: Wer nicht selbst für sich sorgen kann, für den sorgt die Gesellschaft. Deshalb zahlen zum Beispiel Menschen, die viel Geld verdienen, mehr Steuern. Wer nichts verdient, bekommt Sozialleistungen, um überleben zu können.

Von einer **Scheindemokratie** spricht man, wenn eine Staatsregierung nur so tut, als sei sie demokratisch gewählt, tatsächlich aber wie eine Diktatur funktioniert. Das machen diese Regierungen, um akzeptiert zu werden, sowohl vom eigenen Volk als auch von anderen Ländern. Sie lassen zum Beispiel Scheinwahlen durchführen für ein Parlament, das in Wahrheit gar keine wirklichen Einflussmöglichkeiten hat. Oft sind diese Wahlen auch nur scheinbar frei. Tatsächlich werden die Wähler eingeschüchtert und bedroht, damit sie für die Regierung stimmen, oder die Wahlen werden gefälscht, um eine Mehrheit für die Regierung vorzutäuschen.

Der Begriff Demokratie wird oft auch von Staaten oder politischen Kräften für sich beansprucht, die in Wirklichkeit sehr undemokratische Interessen haben. Wenn man ihr Programm aber genau mit der Liste von Demokratie-Merkmalen abgleicht und auch überprüft, wie ernst sie es damit meinen, entlarven sie sich häufig selbst.

Die Türkei ist laut ihrer Verfassung ein demokratischer und sozialer Rechtsstaat. Die realen Zustände im Land zeigen aber eindeutig undemokratische Züge. So werden Menschen unterdrückt und verfolgt, die öffentlich eine andere Meinung vertreten als die der Regierung. Der Staat fördert also weder Pluralismus noch achtet er die Menschenrechte. Vor Gericht werden Menschen ungleich behandelt, wenn sie die aus Staatssicht falsche Meinung haben. Auch Gewaltenteilung gibt es nur auf dem Papier, denn faktisch geht alle Macht von Staatspräsident Recep Tayyip Erdoğan aus, der seit einer Gesetzesänderung 2018 automatisch auch gleichzeitig der Regierungschef ist.

Warum es so wichtig ist, Minderheiten zu schützen

In einer Demokratie entstehen Entscheidungen oft durch Mehrheiten. Neue Gesetze brauchen zum Beispiel eine Mehrheit im Bundestag, um umgesetzt zu werden. Abgeordnete brauchen eine Mehrheit der Wähler, um ins Amt zu kommen.

Ganz wichtig ist aber: Demokratie bedeutet nicht unbedingt immer, dass die Interessen der Mehrheit durchgesetzt werden. Denn es gibt auch den Minderheitenschutz. Und der ist ein sehr wichtiges Demokratie-Merkmal.

Minderheiten sind gesellschaftliche Gruppen, die sich von der übrigen Bevölkerung abgrenzt oder abgegrenzt wird, zum Beispiel aufgrund ihrer Sprache oder Religion, ihrer sexuellen Identität oder einer Behinderung.

Minderheitenschutz bedeutet:

- ✔ Menschen, die einer Minderheit angehören, werden vom Staat vor Benachteiligung, Unterdrückung und Übergriffen geschützt.
- ✔ Der Staat ermöglicht es Minderheiten, weiter zu bestehen, zum Beispiel indem er kulturelle und Bildungsangebote für sie schafft, etwa in Form von eigenen Schulen.

Warum ist das so wichtig? Weil Minderheiten oft benachteiligt sind. Sie haben oft nicht die Mittel, ihre Interessen zu vertreten. Deshalb ist es für sie schwerer, sich Gehör zu verschaffen. Und sie haben aufgrund von Vorurteilen schlechtere Startchancen. Minderheitenschutz bedeutet auch, sich für mehr Chancengerechtigkeit einzusetzen.

Es gibt Untersuchungen, die zeigen, dass Menschen mit einem ausländisch klingenden Nachnamen bei Job-Bewerbungen benachteiligt werden – völlig unabhängig davon, wie gut sie für den Job geeignet sind. Das ist ungerecht, deshalb gibt es Regeln, die so eine Benachteiligung verbieten. Und es wird auch immer wieder über Maßnahmen diskutiert, die dafür sorgen sollen, dass es dazu nicht kommen kann, zum Beispiel über anonymisierte Bewerbungen (die manche Unternehmen und Organisationen freiwillig schon eingeführt haben).

Minderheitenschutz hilft übrigens nicht nur den Angehörigen von Minderheiten, sondern tut auch der Gesellschaft gut. Denn moderne Demokratien zeichnen sich ja auch dadurch aus, dass sie vielfältig sind und unterschiedliche Perspektiven als bereichernd empfinden.

Die Frage, ob Minderheiten in einem Staat geschützt und gefördert werden, ist oft ein guter Indikator dafür, wie ernst dieser Staat es mit der Demokratie meint. So gibt es leider immer noch viele Länder – auch unter denen, die sich selbst als demokratisch bezeichnen –, die beispielsweise die Rechte queerer Menschen massiv einschränken oder sie sogar verfolgen und einsperren.

Kann man Demokratie messen?

Natürlich ist es nicht so, dass die Welt nur aus zu 100 Prozent perfekten Demokratien einerseits und undemokratischen Staaten andererseits besteht. Es gibt sehr viel dazwischen.

Der Versuch, Demokratie anhand objektiver Kriterien zu messen, hilft demokratischen Staaten zum einen dabei, andere Länder besser einzuschätzen und ihre diplomatischen Beziehungen zu ihnen entsprechend zu gestalten. Zum anderen hilft es ihnen auch zu schauen, wo sie selbst noch besser werden können.

Länder, die in internationale Bündnisse wie die NATO oder die EU aufgenommen werden wollen, müssen nachweisen, dass sie demokratisch sind.

Diese drei großen, jährlich erscheinenden Studien versuchen auf unterschiedliche Weise, den Stand von Demokratien zu messen:

- ✔ Der »**Democracy Index**« der britischen Zeitschrift *The Economist* unterscheidet vier Kategorien: vollständige Demokratien, unvollständige Demokratien, Hybridregime (also Mischformen aus Demokratie und autoritärem Regime) und autoritäre Regime. Für die Einteilung wird jedes Land auf fünf Faktoren hin bewertet: Wahlprozess und Pluralismus, Funktionsweise der Regierung, politische Teilhabe und Bürgerrechte.
- ✔ »**Varieties of Democracy**« der Universität Göteborg untersucht gut 200 Länder auf über 600 verschiedene Attribute und unterscheidet liberale Demokratien, Wahldemokratien, Wahlautokratien und geschlossene Autokratien.
- ✔ »**Freedom in the World**« der amerikanischen Organisation Freedom House misst die Freiheitsrechte in allen Ländern der Welt und teilt sie ein in »frei«, »partiell frei« und »nicht frei«.

Da die Studien unterschiedlich vorgehen, kommen sie natürlich auch zu unterschiedlichen Ergebnissen. Sie sind sich aber einig darin, dass die Demokratie weltweit derzeit eher zurückgeht.

Laut »Varieties of Democracy« gab es 2024 zwar 91 Demokratien und 88 Autokratien. Da die demokratischen Staaten aber im Schnitt deutlich kleiner seien, würden 71 Prozent der Weltbevölkerung in Autokratien leben. Dieser Wert sei innerhalb von zehn Jahren um fast 50 Prozent gestiegen.

Und der Freiheitsindex von »Freedom in the World« stellt fest, dass die Grundrechte 2024 in 52 Ländern eingeschränkt worden seien, während nur 21 Länder Fortschritte gemacht hätten. Damit sei die Demokratie weltweit 18 Jahre in Folge weiter zurückgedrängt worden.

Der »Democracy Index« aus dem Jahr 2023 sieht Norwegen auf dem ersten Platz in Sachen Demokratie. Es folgen Neuseeland und die anderen skandinavischen Staaten. Deutschland liegt auf Platz 12 und zählt als vollständige Demokratie, während etwa die USA nur als unvollständige Demokratie gilt (Platz 29). Auf den letzten Plätzen liegen Nordkorea, Myanmar und Afghanistan.

Das ist keine Demokratie – von Diktatur bis Anarchie

Welche Herrschaftsformen gibt es, die definitiv keine Demokratien sind? Wenn in einer Demokratie die Staatsgewalt vom Volk legitimiert und ausgewogen auf verschiedene Institutionen aufgeteilt wird, kann man jenseits der Demokratie zwei Pole benennen:

- ✔ **Autokratie:** Die Staatsgewalt liegt uneingeschränkt und unkontrolliert bei einem Staatsoberhaupt. Die Freiheiten des Einzelnen werden stark eingeschränkt.
- ✔ **Anarchie:** Es gibt keine Staatsgewalt. Die Herrschaft von Menschen über Menschen wird abgelehnt. Die Freiheiten des Einzelnen sind uneingeschränkt.

Achtung: Es gibt einen Unterschied zwischen Staats- und Herrschaftsform. Die **Staatsform** sagt erst mal nur etwas darüber aus, wie ein Staat sich selbst bezeichnet und wie die Staatsgewalt auf dem Papier aufgeteilt ist. Die **Herrschaftsform** dagegen beschreibt, von wem die Staatsgewalt tatsächlich ausgeübt wird. Ein Staat kann behaupten, eine Demokratie zu sein und auch formell die entsprechenden Gesetze haben – in Wirklichkeit aber werden diese Gesetze nicht befolgt und die Staatsgewalt geht eben nicht vom Volk aus, sondern von einzelnen Menschen oder Gruppen.

Autokratien können sehr unterschiedlich ausgeformt sein. Verschiedene Arten von autokratischer Herrschaft (die nicht immer klar voneinander zu trennen sind) sind zum Beispiel:

- ✔ **Despotie:** Ein Herrscher (Despot oder Tyrann) oder eine Gruppe übt uneingeschränkt, willkürlich und gewaltvoll Macht aus.
- ✔ **Autoritäre Diktatur:** Ein Herrscher (Diktator) oder eine Gruppe (zum Beispiel eine Partei) übt uneingeschränkt die Staatsgewalt aus. Oft gibt es einen gewissen Personenkult um den Herrscher. Diktaturen berufen sich oft auf einen Staatsnotstand, der die Alleinherrschaft rechtfertigen soll, der aber in der Regel der Durchsetzung von Interessen einiger weniger zum Schaden vieler dient.
- ✔ **Totalitarismus:** Der Totalitarismus fordert die völlige Unterwerfung des Volkes unter ein von oben vorgegebenes politisches Ziel. Dieses Ziel wird durch eine Ideologie begründet und mit unerbittlicher Härte durchgesetzt. Wer sich dem widersetzt, muss mit brutaler Gewalt rechnen. Totalitäre Regime arbeiten mit Propaganda, die in alle Lebensbereiche vordringt, auch in die privatesten Räume.
- ✔ **Oligarchie:** Die Macht wird von einer kleinen Gruppe von Personen ausgeübt, die unter sich bleibt und in ihrem eigenen Interesse handelt.
- ✔ **Monarchie:** Es gibt einen Monarchen, der seine Machtposition geerbt hat.

Monarchien müssen heute nicht mehr autokratisch sein. Es gibt moderne Monarchien wie Großbritannien oder Schweden, in denen demokratisch gewählte Parlamente und Regierungen Politik machen. Die Königshäuser üben nur sehr begrenzt Macht aus. Das nennt man **parlamentarische oder konstitutionelle Monarchie**.

Das andere Extrem ist die Anarchie. Anarchie bedeutet die Aufhebung von Hierarchien, letztlich die Auflösung der Prinzipien Staat und Herrschaft oder Regierung insgesamt. Im Mittelpunkt stehen Freiheit, Selbstbestimmung, Gleichberechtigung, Selbstverwirklichung der Individuen und kollektive Selbstverwaltung.

Es gibt verschiedene Ausformungen der anarchischen Idee. Was es nicht gibt und auch noch nie gab, ist ein real existierender anarchischer Staat. Anarchie ist also mehr eine Utopie, die politische Wunschvorstellung der völligen Abwesenheit von Herrschaft, als eine tatsächliche Staatsform.

Was können Utopien?

Auf die Zukunft gerichtete politische und soziale Vorstellungen, die Wunschbilder einer idealen Gemeinschaft entwickeln, können sich positiv auswirken. Sie können ein Ansporn sein, die Gesellschaft zu verbessern. Utopien können aber auch gefährlich werden, wenn Menschen an die Macht kommen, die versuchen, sie mit allen Mitteln umzusetzen.

Übrigens gibt es, vor allem in der Kunst, auch negative Utopien oder Dystopien, die eine warnende, mahnende Funktion haben: Sie malen sich aus, wie Gesellschaften sich schlimmstenfalls entwickeln könnten. Berühmte Beispiele sind etwa der Roman »1984« von George Orwell, der den totalen Überwachungsstaat beschreibt, oder »Der Report der Magd« von Margaret Atwood, der eine totalitäre Gesellschaft schildert, in der Frauen keine Rechte haben, sondern nur dazu dienen, Kinder zu gebären.

Interessante Überschneidungen gibt es zwischen Anarchie und **Kommunismus**. Der Kommunismus hat folgende Ziele:

- ✔ Privates Eigentum wird abgeschafft. Alles ist Gemeineigentum.
- ✔ Die Gemeinschaft stellt alles, was sie braucht, selbst her. Jeder bringt sich so ein, wie er kann.
- ✔ Was sie hergestellt hat, verteilt die Gemeinschaft gerecht untereinander.
- ✔ Herrschaftsverhältnisse braucht es nicht, weil die Gemeinschaft sich selbst friedlich verwaltet.

Auch diese kommunistischen Grundideen sind eine Utopie, die so noch nie in einem echten Staat umgesetzt werden konnten. In der Realität sind kommunistische Staaten typischerweise autokratisch. Denn es gibt immer Menschen, die gar kein Interesse daran haben, die Gemeinschaft radikal über das Private zu stellen. Deshalb versuchen kommunistische Regime, ihre Ziele gegen jeden Widerstand auf autokratische Weise durchzusetzen. Die programmatischen Begriffe »Herrschaft der Arbeiterklasse« und »Diktatur des Proletariats« zeigen das deutlich auf.

Die DDR nannte sich zwar demokratisch, in Wahrheit war sie aber ein diktatorischer kommunistischer Staat. Alle Macht lag bei der einzigen Partei, der SED (Sozialistische Einheitspartei Deutschlands). Es gab weder freie Wahlen noch eine Opposition. Wer der Meinung der Partei öffentlich widersprach, wurde ausgegrenzt, verfolgt und bestraft.

Der Kommunismus ist eine spezifische Form des Sozialismus. **Sozialismus** ist ein sehr breiter Überbegriff, der in unterschiedlichen Ausprägungen in sehr unterschiedliche politische Ideen mündet. Es gibt den demokratischen Sozialismus, der eine solidarische Gesellschaft vor Augen hat, in der Grundwerte wie Freiheit und Gleichheit eine große Rolle spielen. Von ihm sind zum Beispiel sozialdemokratische Parteien wie die SPD beeinflusst. Es gibt aber auch den Nationalsozialismus Adolf Hitlers, der Sozialismus als die absolute Hingabe des Einzelnen an die deutsche Volksgemeinschaft definierte. Und es gibt eben den Kommunismus, der radikal eine klassenlose Gesellschaft fordert und Privateigentum ablehnt.

Aktuelle Herausforderungen für die Demokratie

Demokratie ist keine Selbstverständlichkeit. Sie muss von den Menschen gewollt, verteidigt und immer wieder neu ausgehandelt werden. Demokratie lebt davon, dass viele Menschen – idealerweise alle – sich an ihr beteiligen, sich aktiv einbringen. Aber dazu kann man niemanden zwingen.

Es gibt eine Reihe von Dingen, die es der Demokratie aktuell schwer machen:

- ✔ **Vertrauensverlust:** Obwohl die meisten Menschen nach wie vor finden, dass Demokratie die beste der existierenden Staatsformen ist, sind immer mehr Leute unzufrieden damit, wie sie in Deutschland umgesetzt wird. Manche kritisieren, dass es in Deutschland zu viel Bürokratie gibt, dass Veränderungen viel zu lange brauchen. Andere sprechen Deutschland sogar ab, eine Demokratie zu sein und behaupten, die Politik setze sich über den Willen der Menschen hinweg, um ihre Interessen durchzusetzen.

- **Desinformation:** Es gibt immer mehr Falschinformationen, vor allem auf Social-Media-Plattformen, die Unwahrheiten über politische Prozesse und Absichten, über Politiker und Institutionen verbreiten. Die Urheber dieser Falschinformationen haben oft das Ziel, Verwirrung zu stiften und den Eindruck zu vermitteln, es gebe keine Sicherheit mehr. Die skurrilsten Verschwörungserzählungen finden Gehör und werden von Menschen geglaubt.
- **Populismus:** Populisten stellen sich als die einzig wahre Stimme des Volkes dar. Sie bieten einfache Antworten an, indem sie die Welt in Gut und Böse einteilen. Gerade in Krisensituationen, in Zeiten, in denen Menschen verunsichert sind und komplexe weltpolitische Zusammenhänge oft nicht ganz erfassen können, bieten Populisten scheinbar Orientierung und Halt. Sie spitzen zu, machen andere verächtlich und hetzen gegen Andersgesinnte und Minderheiten.

Im Februar 2022 griff Russland die Ukraine an. Seitdem herrscht dort Krieg. Die russischen Staatsmedien, die nicht frei berichten wie zum Beispiel die Medien in Deutschland, sondern von der russischen Regierung kontrolliert werden, verbreiten ununterbrochen gezielt Falschinformationen, die darauf abzielen, die Ukraine und den Westen als die Schuldigen an dem Krieg darzustellen und Russlands Handeln zu rechtfertigen. Diese Falschinformationen finden aber nicht nur in Russland statt. Die russische Regierung finanziert auch in Deutschland Kräfte, zum Beispiel rechtsextreme Bewegungen, die diese Falschinformationen mit verbreiten. Sie nutzt außerdem russische Auslandsmedien in Deutschland wie »Russia Today Deutschland« und Social-Media-Kanäle. Es gibt sogenannte »Trollfabriken«, die nur damit beschäftigt sind, Falschinformationen in den sozialen Netzwerken zu verbreiten. Trolle stiften im Internet gezielt Verwirrung, um die Informationslage unübersichtlich zu machen und Fakten anzuzweifeln.

Rechtsextremes Gedankengut nimmt zu: Erkenntnisse der »Mitte-Studie«

Die Friedrich-Ebert-Stiftung untersucht in ihrer »Mitte-Studie« seit vielen Jahren regelmäßig rechtsextreme und demokratiegefährdende Einstellungen in der deutschen Gesellschaft. Und leider war das Ergebnis zuletzt, dass rechtsextremes Gedankengut stark zugenommen hat. Jede zwölfte Person in Deutschland teile ein rechtsextremes Weltbild.

Über 16 Prozent der Befragten sagte zum Beispiel, Deutschland sei anderen Völkern überlegen. Sechs Prozent meinten, es gebe »wertvolles und unwertes Leben«. Ebenfalls sechs Prozent wünschten sich eine Diktatur mit einem starken Führer für Deutschland. Das alles sind natürlich Haltungen, die mit demokratischen Grundsätzen absolut nicht vereinbar sind.

Was kann man tun, um diesen Tendenzen entgegenzuwirken, die die Demokratie gefährden? Hier ein paar Ideen:

- ✔ Gegen Desinformation hilft Medienbildung, es helfen Faktenchecks und investigative Recherchen, die falsche Meldungen aufdecken. Manchmal hilft auch Counter Speech, also Gegenrede gegen Hass im Netz.
- ✔ Gegen Misstrauen in die Politik helfen Begegnungs- und Beteiligungsformate für möglichst viele unterschiedliche Menschen, damit sie das Gefühl bekommen, einbezogen zu werden und mitgestalten zu können. Sicherlich hilft es auch, wenn Politiker mal Fehler zugeben und die Bereitschaft zeigen, sich selbst kritisch zu hinterfragen.
- ✔ Gegen Populismus helfen positive Geschichten, es hilft, sich zu engagieren für eine freundlichere und verständnisvollere Gesellschaft und darüber zu sprechen.

IN DIESEM KAPITEL

Wie und warum das Grundgesetz entstand

Die Würde des Menschen als Grundlage für alles

Die Grundrechte, die für alle Menschen gelten

Die wichtigsten Staatsprinzipien für Deutschland

Kapitel 3

Demokratie in Deutschland: Das Grundgesetz legt das Wichtigste fest

Das Grundgesetz ist unsere Verfassung. Unser wichtigstes Gesetzbuch. In ihm sind die wichtigsten Grundlagen unseres Zusammenlebens festgeschrieben. Nach ihm müssen sich alle staatlichen Institutionen richten. Ihm darf kein anderes Gesetz widersprechen.

»Nie wieder«: Warum es das Grundgesetz gibt

Das Grundgesetz ist 1949 entstanden. Es ist wichtig, sich das klarzumachen, denn die Geschichte des Grundgesetzes ist untrennbar mit Deutschlands nationalsozialistischer Vergangenheit verbunden. Das Grundgesetz sollte sicherstellen, dass es so etwas wie den Nationalsozialismus in Deutschland nie wieder geben würde.

1933 kam Adolf Hitler an die Macht. Auf demokratischem Wege: Er wurde nach der Wahl des Reichstages zum Reichskanzler ernannt und mit der Regierungsbildung beauftragt. Und nach der Übernahme des Amtes als Reichskanzler gelang es ihm, die Demokratie mit ihren eigenen Mitteln zu schlagen, sie von innen auszuhöhlen. Wie? Indem er im Reichstag das Ermächtigungsgesetz beschließen ließ. Das bedeutet, dass das Parlament seine Macht mehr oder weniger komplett an die Regierung abgab. Das Prinzip der Gewaltenteilung war damit außer Kraft gesetzt. (Mehr dazu in Kapitel 4 »Wer was bestimmt: Die drei Gewalten«.) Hitler konnte machen, was er wollte.

Die Weimarer Verfassung, die damals galt, ermöglichte es Hitler also, auf demokratischem Wege die Demokratie durch eine Diktatur zu ersetzen und sich zum Führer zu ernennen. Nachdem er sich auf diese Weise als Diktator ermächtigt hatte, geschahen in Deutschland immer schrecklichere Dinge. Die Nationalsozialisten richteten unter Hitler furchtbares Unrecht an: Sie verfolgten, quälten, vertrieben und ermordeten Millionen Menschen, die ihnen nicht passten:

- ✔ weil sie jüdisch waren,
- ✔ weil sie anderen Religionsgemeinschaften angehörten (zum Beispiel wurden auch die Zeugen Jehovas verfolgt),
- ✔ weil sie schwul oder lesbisch waren,
- ✔ weil sie behindert waren,
- ✔ weil sie andere politische Ansichten hatten als Hitler
- ✔ oder weil ihre Art zu leben den Nationalsozialisten nicht gefiel.

Als Deutschland 1939 Polen angriff, um auch dort die Herrschaft zu übernehmen, schlossen sich viele Länder weltweit gegen Deutschland und seine Verbündeten Italien und Japan zusammen, um gegen deren Expansionsdrang vorzugehen. Es kam zum Zweiten Weltkrieg, der von 1939 bis 1945 dauerte und den Deutschland verlor.

Nach dem Krieg wurde Deutschland in sogenannte Besatzungszonen aufgeteilt, in denen die vier Siegermächte, also die größten Länder, die gegen Deutschland gekämpft hatten, die politische und militärische Kontrolle hatten. Die Siegermächte waren:

- ✔ USA
- ✔ Großbritannien
- ✔ Frankreich
- ✔ Sowjetunion (heute Russland)

Zwei völlig unterschiedliche politische Systeme in Deutschland

Die vier Siegermächte hatten zwar gemeinsam gegen Deutschland gekämpft, hatten aber trotzdem ganz unterschiedliche politische Vorstellungen. Während die USA, Großbritannien und Frankreich Demokratien waren, setzte die Sowjetunion den Sozialismus mit autoritären Methoden durch. Und nach diesen Prinzipien gestalteten die Siegermächte auch die Teile Deutschlands, über die sie die Hoheit hatten. So entstand im westlichen Teil, der von den westlichen Siegermächten besetzt war, die **demokratische Bundesrepublik Deutschland**, während im östlichen Teil, der unter der Besatzungsmacht der Sowjetunion stand, die **autokratische Deutsche Demokratische Republik (DDR)** entstand.

Die Siegermächte diskutierten in den folgenden Jahren lange darüber, ob und unter welchen Umständen Deutschland wieder ein selbstständiges Land werden könne. Ganz einig wurden sie sich nicht. Deshalb entschieden die drei westlichen Besatzungsmächte 1948, ihren eigenen Weg zu gehen: Sie gestatteten dem Teil Deutschlands, über den sie bestimmten – das waren elf der heutigen 16 Bundesländer –, einen eigenen Staat zu gründen. Die Voraussetzung dafür war eine neue Verfassung. Diese sollte ein »Parlamentarischer Rat« erarbeiten.

Am 1. September 1948 kamen die 65 Abgeordneten des Parlamentarischen Rats zum ersten Mal zusammen. Ein Dreivierteljahr später waren sie mit ihrer Arbeit fertig: Am 23. Mai 1949 wurde das Grundgesetz verkündet. Einen Tag später trat es in Kraft. Die Verkündung des Grundgesetzes war quasi gleichzeitig die Gründung der Bundesrepublik Deutschland als Staat.

Das Grundgesetz sollte also ein Neuanfang sein: für ein gutes, gerechtes, demokratisches und friedliches Deutschland. Ein Gegensatz zu dem menschenverachtenden und totalitären Regime der Nationalsozialisten.

Konrad Adenauer, der erste Bundeskanzler der Bundesrepublik Deutschland, sagte bei der Unterzeichnung des Grundgesetzes:

> *»Heute, am 23. Mai 1949, beginnt ein neuer Abschnitt in der wechselvollen Geschichte unseres Volkes: Heute wird die Bundesrepublik Deutschland in die Geschichte eintreten. Wer die Jahre seit 1933 bewußt erlebt hat, der denkt bewegten Herzens daran, daß heute das neue Deutschland ersteht.«*

Die Würde des Menschen ist unantastbar – was bedeutet das?

»Die Würde des Menschen ist unantastbar. Sie zu achten und zu schützen ist Verpflichtung aller staatlichen Gewalt.« Das sind die allerersten Sätze im Grundgesetz (wenn man die Präambel, eine Art Vorwort, nicht mitrechnet).

Was bedeutet Menschenwürde? Das Wort bedeutet, dass jeder Mensch wertvoll ist, dass jeder Mensch das Recht hat, mit Würde behandelt zu werden. Zur Idee Menschenwürde gehört, dass sie niemandem genommen und auch nicht eingeschränkt werden kann.

Die Nationalsozialisten aber hatten die Menschenwürde missachtet. Zum Beispiel nannten sie Menschen mit einer Behinderung »unwertes Leben«, sperrten sie ein, quälten und töteten sie. Das widerspricht auf drastische Weise der Menschenwürde.

Der Anspruch unserer Verfassung ist es, dass die Menschenwürde bei jeder politischen Entscheidung und bei jedem staatlichen Handeln geachtet wird. Deshalb beginnt das Grundgesetz mit diesen Worten.

Dass die Würde des Menschen antastbar ist, das haben die Nationalsozialisten unter Adolf Hitler bewiesen. Der Satz »Die Würde des Menschen ist unantastbar« ist keine Feststellung. Er ist eine Zielvorgabe: Er gibt vor, was das oberste Ziel aller Politik in Deutschland sein soll.

Gleiche Rechte für alle

Das Grundgesetz besteht insgesamt aus elf Teilen, die jeweils in mehrere Artikel unterteilt sind. Teil I sind die Grundrechte. Der Staat hat die Aufgabe, dafür zu sorgen, dass sie geachtet werden.

Sind Grundrechte und Menschenrechte das Gleiche?

Nicht ganz. Die Menschenrechte wurden 1948 von den Vereinten Nationen aufgeschrieben. So sollten die Länder der Welt angehalten werden, sich daran zu halten. Viele Länder, so auch Deutschland, haben die Menschenrechte in ihrer Verfassung festgeschrieben. Im Grundgesetz steht: »Das Deutsche Volk bekennt sich darum zu unverletzlichen und unveräußerlichen Menschenrechten als Grundlage jeder menschlichen Gemeinschaft, des Friedens und der Gerechtigkeit in der Welt.«

Die meisten Grundrechte im Grundgesetz sind Menschenrechte, die für alle Menschen gelten. Einige sind aber auch Bürgerrechte, die nur für deutsche Staatsangehörige gelten.

Es ist wichtig, die eigenen Rechte zu kennen. Es ist auch wichtig, die gleichen Rechte anderen zuzugestehen.

Das sind die wichtigsten Grundrechte:

- ✔ **Das Recht auf Leben und körperliche Unversehrtheit:** Niemand darf angegriffen, verletzt, gefoltert oder gar getötet werden.
- ✔ **Das Recht auf Freiheit:** Jeder darf so leben, wie er möchte – unter der Voraussetzung, dass er dabei nicht die Rechte anderer verletzt.
- ✔ **Das Recht auf Gleichheit vor dem Gesetz:** Die Gesetze gelten für alle Menschen gleich. Niemand darf wegen bestimmter Merkmale benachteiligt werden, zum Beispiel aufgrund seines Geschlechts, seiner Herkunft, seines Glaubens oder einer Behinderung.
- ✔ **Das Recht auf Gleichberechtigung:** Der Staat muss dafür sorgen, dass Männer und Frauen nicht nur theoretisch, sondern auch praktisch gleichberechtigt sind. Er muss sich bemühen, gegen Benachteiligungen vorzugehen.
- ✔ **Das Recht auf Glaubensfreiheit:** Jeder darf glauben, was er möchte. Und jeder darf seinen Glauben auch ausüben. Dieses Recht gilt übrigens nicht nur für den religiösen Glauben, sondern auch für andere Überzeugungen. Deshalb gehört dazu zum Beispiel auch, dass niemand zum Kriegsdienst mit der Waffe gezwungen werden darf, wenn das seiner Überzeugung widerspricht.
- ✔ **Das Recht auf Meinungsfreiheit:** Jeder darf seine Meinung äußern, ohne dafür bestraft zu werden. Dazu gehören auch die Kunstfreiheit, die Freiheit der Wissenschaft und der Lehre und die Pressefreiheit. Die Medien dürfen frei berichten, sie dürfen nicht zensiert werden. Das heißt: Der Staat darf ihnen nicht vorschreiben, was sie berichten dürfen und was nicht. – Allerdings dürfen Meinungsäußerungen nicht gegen das Gesetz verstoßen. Zum Beispiel ist es nicht erlaubt, zur Gewalt gegen eine bestimmte Person oder Gruppe aufzurufen.

- ✔ **Das Recht auf Versammlungsfreiheit (Bürgerrecht):** Menschen dürfen zusammenkommen, um ihre Meinung öffentlich zu machen, zum Beispiel auf einer Demonstration. So eine Versammlung muss allerdings friedlich ablaufen. Und Versammlungen unter freiem Himmel können auch durch Gesetze eingeschränkt werden.

- ✔ **Das Recht, Vereine und Gesellschaften zu bilden (Bürgerrecht):** Menschen dürfen sich zusammentun, um gemeinsam ihre Interessen zu vertreten. (Welche Arten von Interessensvertretungen es gibt, lest ihr in Kapitel 5 im Abschnitt »Verband, Gewerkschaft, NGO«.) Auch hier gilt die Einschränkung: Diese Vereinigungen müssen friedlich agieren und dürfen nicht gegen geltende Gesetze verstoßen.

- ✔ **Das Recht auf Briefgeheimnis:** Das Briefgeheimnis – das übrigens inzwischen für alle Arten der privaten Kommunikation gilt, ob per Papierbrief, E-Mail oder Chat-Nachricht – besagt, dass der private Austausch zwischen zwei Menschen privat ist. Den Staat geht er nichts an – es sei denn, es gibt den begründeten Verdacht, dass durch die Überprüfung privater Kommunikation eine Straftat aufgeklärt oder verhindert werden kann.

- ✔ **Das Recht auf besonderen Schutz für Ehe und Familie:** Familien sollen von der Gemeinschaft unterstützt werden – das ist die Idee hinter diesem Grundrecht. Es besagt auch, dass Eltern das Recht haben, sich um ihre Kinder zu kümmern. Allerdings haben sie auch die Pflicht, das zu tun. Wenn sie dazu nachweislich nicht in der Lage sind, können die Kinder auch von ihren Eltern getrennt werden.

- ✔ **Das Recht auf Freizügigkeit (Bürgerrecht):** Das bedeutet, dass sich prinzipiell jeder innerhalb von Deutschland aufhalten darf, wo er möchte. Auch hier gibt es aber Einschränkungen, zum Beispiel für Menschen, die Sozialleistungen beziehen, oder im Falle von Seuchen oder Katastrophen.

- ✔ **Das Recht auf Berufsfreiheit (Bürgerrecht):** Jeder darf seinen Beruf und seinen Arbeitsplatz oder seinen Ausbildungsort frei wählen. Niemand darf zu einer Arbeit gezwungen werden.

- ✔ **Das Recht auf Eigentum:** Jeder hat das Recht, Eigentum zu besitzen und auch zu erben. Niemand, auch nicht der Staat, hat das Recht, jemandem sein Eigentum wegzunehmen. Eine Ausnahme sind Enteignungen, die der Allgemeinheit zugutekommen – sie sind aber nur möglich, wenn ein Gesetz genau regelt, in welchem Fall und wie die Betroffenen entschädigt werden. Übrigens steht im Grundgesetz auch: »Eigentum verpflichtet. Sein Gebrauch soll zugleich dem Wohle der Allgemeinheit dienen.«

- **Das Recht auf Unverletzlichkeit der Wohnung:** Das bedeutet, dass niemand das Recht hat, in die Wohnung eines anderen einzudringen. Auch der Staat nicht – es sei denn, es gibt den begründeten Verdacht, dass dadurch eine Straftat aufgeklärt oder verhindert werden kann.

- **Das Recht auf Asyl:** Wer in seiner Heimat nachweislich politisch verfolgt wird, hat das Recht, in Deutschland Schutz zu suchen.

- **Das Petitionsrecht:** Jeder Mensch hat das Recht, sich mit Bitten, Beschwerden oder Vorschlägen an den Staat zu wenden und gehört zu werden. (Wie das genau funktioniert, erfahrt ihr in Kapitel 14 »Partizipation: Möglichkeiten, gehört zu werden«.)

Bei jedem dieser Grundrechte könnt ihr das Gedankenexperiment machen: Was passiert, wenn dieses Recht durch den Staat eingeschränkt wird? Ihr werdet feststellen: Dann geht ein Stück Demokratie verloren. Autoritäre Staaten erkennt man daran, dass sie die Grundrechte einschränken. Deshalb ist es so wichtig, sie zu kennen und zu verteidigen.

Manche Grundrechte sind klarer als andere. Dass niemand einen anderen Menschen töten darf, ist eine eindeutige Regel. Wenn es doch passiert, gibt es entsprechende Strafen. Viel schwieriger ist in der Praxis zum Beispiel das Recht auf Asyl umzusetzen. Denn faktisch ist es natürlich nicht möglich, dass Deutschland alle Menschen aufnimmt, die im Rest der Welt politisch verfolgt werden. Deshalb gibt es zu diesem Recht viele Ergänzungen, die auf Einschränkungen und internationale Vereinbarungen verweisen. Wichtig ist aber trotzdem, dass das Recht auf Asyl als Grundrecht anerkannt wird – und der Staat sich somit bemühen muss, Wege zu finden, es zu gewähren.

Nun kann es vorkommen, dass zwei Grundrechte miteinander im Widerstreit stehen, dass sie unvereinbar miteinander sind. In so einem Fall muss ein Gericht entscheiden, welches Grundrecht in dem jeweiligen Einzelfall wichtiger ist und den Vorrang bekommt.

Viel diskutiert über die Einschränkung von Grundrechten wurde während der Covid-19-Pandemie. Tatsächlich wurden damals viele Maßnahmen beschlossen, die viele Menschen sehr einschränkten. Die Versammlungsfreiheit wurde eingeschränkt, weil keine großen Gruppen von Menschen ungeschützt zusammenkommen durften. Die freie Berufsausübung wurde vorübergehend eingeschränkt, weil man in bestimmten Berufen nachweisen musste, dass man geimpft oder genesen und somit nicht potenziell ansteckend war. Gegen diese

Maßnahmen klagten sehr viele Menschen, die damit nicht einverstanden waren. Die Gerichte beschäftigten sich mit den Klagen, kamen aber größtenteils zu dem Schluss, dass das Recht aller Menschen auf körperliche Unversehrtheit, der Schutz vor dem Virus, wichtiger war als die eingeklagten Rechte.

Kinderrechte ins Grundgesetz?

Seit vielen Jahren wird immer wieder diskutiert, ob Kinderrechte gesondert ins Grundgesetz aufgenommen werden sollten. Natürlich gelten die Grundrechte auch für Kinder. Aber weil Kinder sich noch nicht selbst darum kümmern können, für ihre Bedürfnisse zu sorgen, brauchen sie zusätzlichen Schutz. Die Vereinten Nationen haben deshalb 1989 in der Kinderrechtskonvention spezielle Kinderrechte festgehalten, zum Beispiel das Recht auf genug Kleidung, gesundes Essen, Schutz vor Gewalt, aber auch das Recht auf Bildung und auf Freizeit und Erholung. Deutschland hat die Kinderrechtskonvention 1992 unterschrieben, die Kinderrechte aber bisher nicht ins Grundgesetz aufgenommen.

Deutschland: demokratisch, sozial, föderalistisch

Auf Teil I des Grundgesetzes folgt Teil II. Er trägt die Überschrift »Der Bund und die Länder« und gleich am Anfang, in Artikel 20, sind die wichtigsten Staatsprinzipien aufgezählt.

Deutschland ist demnach:

- ✔ Eine **Demokratie:** »Alle Staatsgewalt geht vom Volke aus«, steht im Grundgesetz. Deutschland ist eine parlamentarische Republik, das heißt, die Menschen wählen Vertreter ins Parlament, die in ihrem Sinne Entscheidungen treffen.

- Ein **Rechtsstaat:** Der Staat kann nicht frei handeln, sondern ist in all seinem Tun der Verfassung und den geltenden Gesetzen verpflichtet. Wichtig ist hier auch das Prinzip der Gewaltenteilung, die sicherstellt, dass nicht eine staatliche Institution zu viel Macht bekommt (zu den verschiedenen Gewalten siehe Kapitel 4 »Wer was bestimmt: Die drei Gewalten«).
- Ein **Sozialstaat:** Ungerechte soziale Ungleichheiten sollen nach Möglichkeit ausgeglichen werden. Wer zum Beispiel besonders wenig Geld hat, wer nicht arbeiten kann, wer sich um Familienangehörige kümmert, bekommt Unterstützung vom Staat.
- Ein **Bundesstaat:** Deutschland ist ein Verbund mehrerer Bundesländer, die manche Dinge eigenständig regeln können. Das nennt man auch Föderalismus. (Ausführlich könnt ihr das in Kapitel 10 »Regeln für Deutschland, die Bundesländer und die Kommunen« nachlesen.)

Es gibt sehr unterschiedliche Ansichten darüber, ob der Föderalismus eine gute Sache ist oder nicht. Der sogenannte Bildungsföderalismus ist zum Beispiel ein ständiger Streitpunkt. Die Bundesländer haben jeweils eigene Lehrpläne. Das hat natürlich Nachteile, zum Beispiel für Schüler, die von einem Bundesland ins andere ziehen. Aber auch hier geht es darum, autoritäre Entwicklungen zu verhindern. Unter Adolf Hitler missbrauchte der Staat die Institution Schule, um Kindern und Jugendlichen nationalsozialistische Ideale einzuimpfen.

Wehrhafte Demokratie

An vielen Stellen im Grundgesetz steht eindeutig geschrieben, dass die Demokratie sich wehren soll, wenn politische Kräfte versuchen, demokratische Prinzipien auszuhebeln, so wie es Adolf Hitler und die Nationalsozialisten getan haben. So können Parteien zum Beispiel verboten werden, wenn sie nachweislich das Ziel haben, »die freiheitliche demokratische Grundordnung zu beeinträchtigen oder zu beseitigen«. Ganz deutlich wird das Prinzip der wehrhaften Demokratie in diesem Satz: »Gegen jeden, der es unternimmt, diese Ordnung zu beseitigen, haben alle Deutschen das Recht zum Widerstand, wenn andere Abhilfe nicht möglich ist.«

Und was steht sonst noch im Grundgesetz?

Die Teile III bis X des Grundgesetzes beschäftigen sich mit den folgenden Themen:

- ✔ Teil III: Der Bundestag
- ✔ Teil IV: Der Bundesrat
- ✔ Teil V: Der Bundespräsident
- ✔ Teil VI: Die Bundesregierung
- ✔ Teil VII: Die Gesetzgebung des Bundes
- ✔ Teil VIII: Die Ausführung der Bundesgesetze und die Bundesverwaltung
- ✔ Teil IX: Die Rechtsprechung
- ✔ Teil X: Das Finanzwesen

Für jedes dieser Themen sind die wichtigsten Grundsätze festgehalten. Teil XI ist eine Sammlung von Übergangs- und Beschlussbestimmungen.

Darf das Grundgesetz verändert werden?

Jein. Es gibt ein paar Artikel, die tatsächlich unveränderlich sind. Für sie gilt eine sogenannte **Ewigkeitsklausel**: Der Bundestag kann sie weder aufheben noch abändern. Das ist zum Beispiel Artikel 1, der die Menschenwürde ins Zentrum allen staatlichen Handelns stellt. Oder Artikel 20, der Deutschland als demokratische, sozialstaatliche und rechtsstaatliche Republik definiert. Auch die Unterteilung Deutschlands in Bundesländer, die an der Gesetzgebung mitwirken, ist unveränderlich.

Abbildung 3.1 erklärt, welche Teile des Grundgesetzes unveränderlich sind.

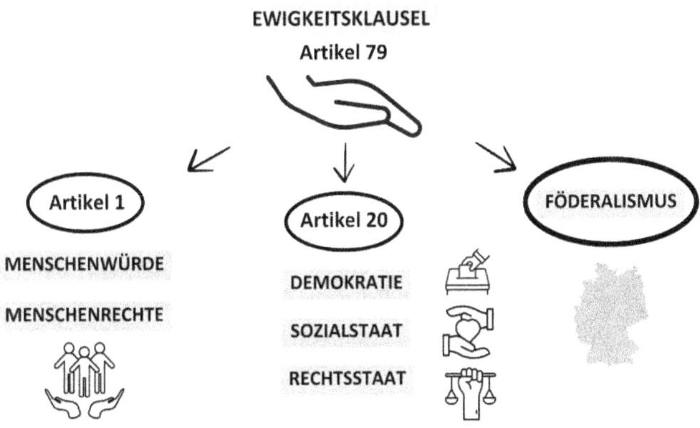

Abbildung 3.1: Die sogenannte Ewigkeitsklausel legt fest, welche Teile des Grundgesetzes nicht geändert werden dürfen

Andere Teile des Grundgesetzes können aber sehr wohl geändert werden. Allerdings braucht es dafür eine Mehrheit von zwei Dritteln der Mitglieder des Bundestages und des Bundesrates – es müssen also deutlich mehr Politikerinnen und Politiker dafür sein als bei einer normalen Gesetzgebung.

Faktisch ist das Grundgesetz seit 1949 schon sehr oft geändert worden: mehr als 60-mal.

1994 gab es zum Beispiel zwei interessante Ergänzungen zum Grundgesetz: Das Grundrecht auf Gleichbehandlung wurde erweitert um den Zusatz: »Niemand darf wegen seiner Behinderung benachteiligt werden.« Und der Umwelt- und Tierschutz wurde mit aufgenommen als Staatsziel: »Der Staat schützt auch in Verantwortung für die künftigen Generationen die natürlichen Lebensgrundlagen und die Tiere«.

Keine neue Verfassung nach der Wiedervereinigung

Das Grundgesetz entstand 1949 im westlichen Teil Deutschlands. Interessanterweise sind in der Präambel zwar alle 16 Bundesländer aufgezählt, auch die ostdeutschen, und die Präambel endet mit den Worten: »Damit gilt dieses Grundgesetz für das gesamte Deutsche Volk.« Das sah die DDR allerdings anders: Sie gab sich eine eigene Verfassung.

Das Grundgesetz war auch ursprünglich als Provisorium gedacht: Es sollte so lange gelten, bis die Teilung Deutschlands enden würde, und dann durch eine Verfassung ersetzt werden, die alle Bürger des vereinigten Deutschlands sich geben sollten. Tatsächlich verzichtete man dann aber nach der Wiedervereinigung 1990 darauf, eine neue Verfassung zu erarbeiten, und übernahm das Grundgesetz für ganz Deutschland. Das ist bis heute einer der großen Kritikpunkte an der Ausgestaltung der Wiedervereinigung. Denn eine gemeinsame Verfassung hätte den ehemaligen DDR-Bürgern die Möglichkeit gegeben, sich einzubringen und sich dann vielleicht auch stärker mit der gesamtdeutschen Verfassung zu identifizieren.

Wächter über das Grundgesetz: Das Bundesverfassungsgericht

Vielleicht ist es euch beim Lesen der letzten Seiten aufgefallen: An vielen Stellen bleibt das Grundgesetz relativ vage. Es gibt die wichtigsten Rahmenbedingungen vor, formt aber nicht jede Regelung bis ins Detail aus. Es berücksichtigt nicht jeden Sonder- oder Streitfall.

Die Institution, die über die Einhaltung des Grundgesetzes wacht und die darüber entscheidet, wie es im Einzelfall ausgelegt wird, ist das Bundesverfassungsgericht. Es ist das höchste Gericht in Deutschland: Seine Urteile sind unanfechtbar. Alle anderen Staatsorgane müssen sich an die Entscheidungen des Bundesverfassungsgerichts halten.

2015 verabschiedete der Bundestag ein Gesetz, das organisierte Sterbehilfe verbot. 2020 erklärte das Bundesverfassungsgericht dieses Verbot für ungültig. Denn jeder Mensch habe ein Recht auf selbstbestimmtes Sterben und dürfe dabei auch Hilfe in Anspruch nehmen. Das Bundesverfassungsgericht forderte den Bundestag auf, den begleiteten Suizid gesetzlich neu zu regeln.

Das Bundesverfassungsgericht kommt zum Einsatz:

- ✔ wenn festgestellt werden soll, ob ein Gesetz verfassungswidrig ist, also mit dem Grundgesetz unvereinbar ist (das nennt man Normenkontrolle)
- ✔ wenn Bund und Länder sich darüber streiten, wer für bestimmte Themen zuständig ist

- ✔ wenn Bürger oder Gemeinden eine Verfassungsbeschwerde erheben
- ✔ wenn oberste Bundesorgane sich über Verfassungsfragen streiten
- ✔ wenn die Verfassungsfeindlichkeit einer politischen Partei festgestellt werden soll
- ✔ wenn es zu einem Wahlprüfverfahren kommt, weil die Gültigkeit einer Wahl angezweifelt wird
- ✔ wenn es Anklage gegen den Bundespräsidenten oder einen Bundesrichter gibt und ein Amtsenthebungsverfahren zur Debatte steht

Wie wird man Richter am Bundesverfassungsgericht?

Das Bundesverfassungsgericht besteht aus 16 Richtern. Acht von ihnen werden von einem Wahlausschuss des Bundestages gewählt. Sie müssen dabei zwei Drittel aller Stimmen bekommen. Die anderen acht Richter wählt der Bundesrat. Der Präsident sowie sein Stellvertreter werden vom Bundestag und Bundesrat im Wechsel gewählt. Nach der Wahl sind die Richter zwölf Jahre am Bundesverfassungsgericht. Danach können sie nicht noch einmal wiedergewählt werden. So soll sichergestellt werden, dass die Richter unabhängig urteilen und sich nicht durch politische Ziele beeinflussen lassen, um wiedergewählt zu werden.

Ende 2024 beschloss der Bundestag, die wichtigsten Regeln für das Bundesverfassungsgericht – etwa die Anzahl und die Amtszeit der Richter – im Grundgesetz zu verankern. Davor waren diese Fragen im Bundesverfassungsgerichtsgesetz geregelt, das mit einfacher Mehrheit geändert werden kann – anders als das Grundgesetz, das nur mit einer Zwei-Drittel-Mehrheit in Bundestag und Bundesrat geändert werden kann. Diese Reform soll das Bundesverfassungsgericht vor politischer Einflussnahme schützen und so seine Unabhängigkeit absichern.

IN DIESEM KAPITEL

Welche Aufgaben der Bundestag hat und wie er arbeitet

Wie Bundesregierung und Verwaltung Gesetze umsetzen

Wer worüber Recht spricht

Welche Rolle der Bundespräsident spielt

Kapitel 4
Wer was bestimmt: Die drei Gewalten

Die Gewaltenteilung ist eine der wichtigsten Grundsäulen unserer Demokratie. Die Idee: Die Staatsgewalt wird nicht von einer Institution ausgeübt, die diese Macht missbrauchen könnte. Sondern sie wird auf verschiedene Institutionen aufgeteilt, die sich gegenseitig kontrollieren.

Abbildung 4.1 gibt einen Überblick über die drei Gewalten.

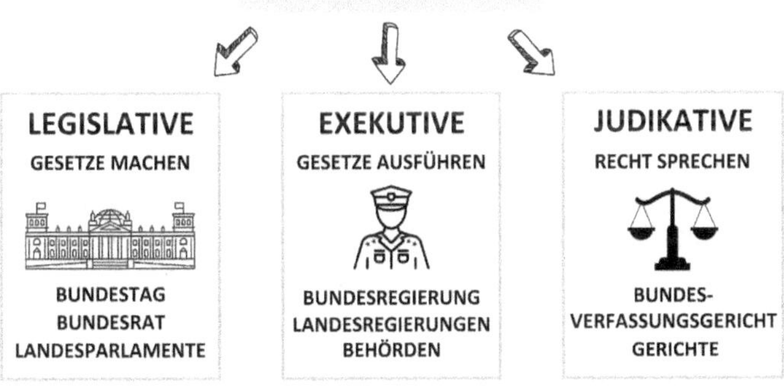

Abbildung 4.1: Die drei Gewalten in Deutschland

Gesetze machen: Bundestag und Bundesrat

Der Deutsche Bundestag ist unser Parlament. Er steht im Zentrum des politischen Systems und ist das einzige Verfassungsorgan, das von den Bürgern direkt gewählt wird. In ihm sitzen und entscheiden die gewählten Abgeordneten. An seiner Spitze steht der Bundestagspräsident, den die Abgeordneten aus ihrer Mitte wählen.

Der Bundestag hat vier wichtige Hauptaufgaben:

- ✔ **Gesetze** machen
- ✔ den **Bundeshaushalt** beschließen, also entscheiden, wofür der Bund in einem Jahr wie viel Geld ausgibt
- ✔ die **Regierung kontrollieren**
- ✔ den **Bundeskanzler wählen**

Die wichtigste Aufgabe des Bundestages ist die Gesetzgebung. Der Bundestag entscheidet in Form von Abstimmungen über alle Gesetze, die in Deutschland gelten sollen. Der Bundesrat wirkt an den Entscheidungen mit. Deshalb bezeichnet man Bundestag und Bundesrat als Legislative. Der Begriff kommt aus dem Lateinischen und ist aus zwei Wörtern zusammengesetzt: »Gesetz« und »tragen«. Die Legislative ist eine der drei Gewalten in Deutschland.

Wie Gesetze genau entstehen und wie der Bundesrat daran mitwirkt, erfahrt ihr ausführlich in Teil III »Regeln, die für alle gelten – so entstehen Gesetze«.

Der Bundesrat

Der Bundesrat besteht aus den Mitgliedern der 16 Landesregierungen und hat insgesamt 69 Mitglieder. Wie viele Mitglieder und wie viele Stimmen ein Land somit bei Abstimmungen hat, richtet sich grob nach der Einwohnerzahl. Jedem Bundesland, egal wie klein, stehen aber mindestens drei Stimmen zu. Und egal wie groß ein Bundesland ist, es gibt maximal sechs Stimmen pro Bundesland. Bei Abstimmungen können die einzelnen Stimmen eines Bundeslandes nur einheitlich abgegeben werden.

Eine Wahl zum Bundesrat gibt es übrigens nicht. Der Bundesrat erneuert sich nur aufgrund der Landtagswahlen von Zeit zu Zeit, denn dann gibt es in den Bundesländern immer wieder neue Landesregierungen, die neue Mitglieder in den Bundesrat schicken.

Bei Abstimmungen über Gesetze muss der Bundesrat einerseits die Interessen der Bundesländer beachten, gleichzeitig aber auch die Bedürfnisse des Gesamtstaates. Wer im Bundesrat sitzt, hat also viel Verantwortung und muss immer beide Interessen im Blick behalten.

So arbeiten die Abgeordneten im Bundestag

Bundestagsabgeordnete haben zwei Arbeitsorte:

- ✔ Während der **Sitzungswochen in Berlin:** Mindestens 20 Wochen im Jahr sind Sitzungswochen im Bundestag. In diesen Wochen sind die Abgeordneten in Berlin. Dort arbeiten sie in ihren Fraktionen zusammen, sie debattieren im großen Plenarsaal Gesetzentwürfe, bearbeiten sie in Ausschüssen, sprechen mit Interessensvertretern, empfangen Besuchergruppen und so weiter. Im Bundestag arbeiten die Abgeordneten vor allem an ihren jeweiligen Schwerpunktthemen. Jeder Abgeordnete ist Mitglied in einem, meist mehreren Ausschüssen, die sich mit einem Fachbereich beschäftigen, zum Beispiel Bildung, Medizin oder Außenpolitik.
- ✔ Das restliche Jahr im **Wahlkreis:** In den übrigen Wochen des Jahres sind die Abgeordneten in ihrem Wahlkreis, also an dem Ort, an dem sie leben und wo sie gewählt wurden. Dort arbeiten sie in ihrer Partei, nehmen an lokalen Terminen und Veranstaltungen teil und sprechen viel mit Bürgern. Im Wahlkreis geht es weniger um Fachpolitik und mehr um die Anliegen, die die Menschen vor Ort in ihrem Wahlkreis gerade beschäftigen.

Warum gibt es im Bundestag Fraktionen?

Abgeordnete tun sich im Bundestag zu Fraktionen zusammen. Wenn sich mindestens fünf Prozent der Mitglieder des Bundestages zusammenschließen, können sie eine Fraktion bilden. Dafür müssen sie nicht zwingend derselben Partei angehören: In der CDU/CSU-Fraktion tun sich seit Jahren

Abgeordnete aus zwei eigenständigen Parteien zusammen. Wie groß eine Fraktion ist, hängt von dem Ergebnis bei der Bundestagswahl ab.

Fraktionen sind wichtig für die Arbeit im Bundestag, denn sie helfen entscheidend mit, dass der Bundestag verlässlich, zügig und reibungslos funktioniert. Wenn bei jeder einzelnen Entscheidung alle Abgeordneten als Einzelkämpfer agierten, würde Chaos herrschen und alles würde viel länger dauern. Deshalb haben Fraktionen bestimmte Rechte, die über die Rechte einzelner Abgeordneter hinausgehen. Eine Fraktion kann zum Beispiel einen Gesetzentwurf in den Bundestag einbringen, eine namentliche Abstimmung oder eine Aktuelle Stunde beantragen und vieles mehr. Die Stärke der Fraktionen ist auch entscheidend bei der Besetzung der Ausschüsse.

Der Bundeshaushalt: Wie viel Geld Deutschland wofür ausgibt

Der Bundestag entscheidet darüber, wie viel Geld der Bund in einem Jahr ausgeben darf und wofür. Das nennt man das Haushaltsrecht oder – weil es ein so wichtiges Recht ist – auch das »Königsrecht« des Bundestages.

Der Bundeshaushalt umfasst alle Einnahmen und Ausgaben des Bundes. Die Einnahmen kommen hauptsächlich aus den Steuern, die Bürger und Unternehmen bezahlen. Als Ausgaben gelten alle öffentlichen Ausgaben wie zum Beispiel Straßen, Krankenhäuser, Bundespolizei und Bundeswehr.

Wofür gibt der Staat am meisten Geld aus?

An erster Stelle steht bei den Ausgaben seit vielen Jahren der Bereich Arbeit und Soziales. Dahinter verstecken sich Ausgaben wie Arbeitslosengeld, Rente und Kindergeld. Was die anderen Politikbereiche angeht, sind die Ausgaben teilweise auch sehr unterschiedlich hoch. In den Corona-Jahren standen zum Beispiel die Ausgaben im Gesundheitsbereich weit oben auf der Liste. Und seit Krieg in der Ukraine herrscht, sind die Verteidigungskosten in die Höhe gegangen.

So entsteht der Bundeshaushalt:

1. Das Finanzministerium holt bei den anderen Ministerien Informationen darüber ein, was wofür und wie viel konkret ausgegeben werden soll.

2. Dann erarbeitet das Finanzministerium den ersten »Entwurf für das Haushaltsgesetz«, der in der Regel mehrere tausend Seiten lang ist, und gibt ihn in den Bundestag.

3. Der Bundestag nimmt sich eine ganze Woche lang Zeit, um über alle Einzelbereiche zu diskutieren. Das ist die erste »Haushaltswoche«.

4. Nachdem der Entwurf eine Woche lang im Plenum des Bundestages diskutiert wurde, landet er im Haushaltsausschuss, der ihn weiter bespricht und Veränderungen vornimmt.

5. In einer zweiten Haushaltswoche im Bundestag wird dann die vom Ausschuss überarbeitete Version des Haushaltsentwurfs besprochen. Anschließend wird darüber abgestimmt. In der Regel wird die Vorlage des Ausschusses übernommen.

6. Jetzt kommt der Bundesrat ins Spiel: Er kann gegen den vom Bundestag beschlossenen Haushaltsplan Einspruch erheben. Der kann allerdings wiederum vom Bundestag überstimmt werden.

7. Am Schluss überprüft der Bundespräsident den Haushaltsplan und unterzeichnet ihn. Damit ist er rechtsgültig. Die Bundesregierung muss sich dann bei ihren Ausgaben genau daran halten.

In Abbildung 4.2 ist der Weg des Bundeshaushalts noch mal zusammengefasst.

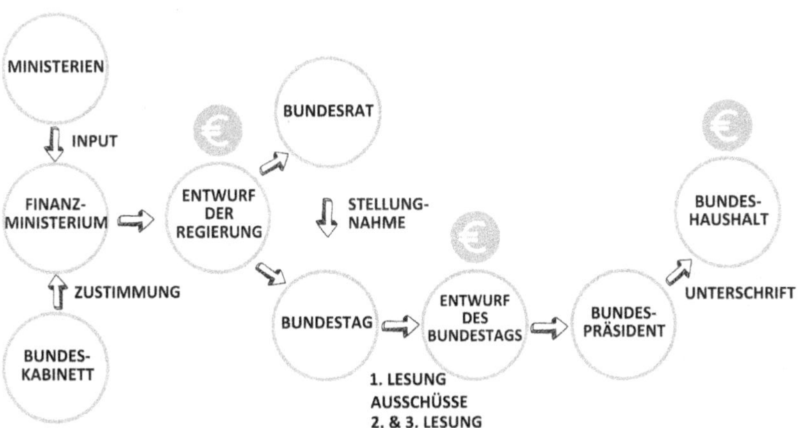

Abbildung 4.2: So entsteht der Bundeshaushalt

Warum geht es in den Haushaltswochen im Bundestag immer so hitzig zu in den Debatten?

Das hat zwei Gründe. Zum einen ist die Entscheidung, wofür wie viel Geld ausgegeben wird, natürlich sehr wichtig. Jeder Politikbereich, jedes Ministerium möchte so viel Geld wie möglich zur Verfügung haben, um seine Pläne verwirklichen zu können. Zum anderen ist diese Entscheidung natürlich auch immer eine starke Gewichtung: Welcher Bereich ist gerade besonders wichtig und bekommt deshalb mehr Geld als andere? Das kann zu Grundsatzdebatten über die politische Ausrichtung des Landes führen. Deshalb gibt es in der ersten Haushaltswoche die sogenannte »Generaldebatte«, in der der Bundeskanzler und alle Fraktionsvorsitzenden sprechen. Die Oppositionsführer nutzen diese Debatte traditionell, um generelle Kritik an der Arbeit der Bundesregierung zu üben.

Die Schuldenbremse: Wie viel Geld darf sich der Bund leihen?

Wenn die Einnahmen des Staates nicht reichen, um die geplanten Ausgaben zu decken, dann leiht sich der Bund Geld, er nimmt also Kredite auf. Die müssen natürlich irgendwann zurückgezahlt werden. Damit der Staat sich nicht immer weiter verschuldet auf Kosten der zukünftigen Generationen, die die Schulden dann begleichen müssen, gibt es die sogenannte Schuldenbremse. Sie ist im Grundgesetz festgeschrieben. Dort steht, dass die Bundesländer seit 2020 gar keine Schulden mehr machen dürfen. Der Bund darf seit 2016 nur noch Schulden in Höhe von 0,35 Prozent des Bruttoinlandsprodukts (BIP) machen. Das BIP ist der Wert aller Waren und Dienstleistungen, die in Deutschland in einem Jahr hervorgebracht werden.

Bei Naturkatastrophen und Wirtschaftskrisen darf Deutschland ausnahmsweise mehr Schulden machen. Ein Plan muss aber aufzeigen, wann und wie die Schulden wieder zurückgezahlt werden sollen.

Über die Schuldenbremse wird schon sehr lange gestritten. Die Kritiker argumentieren, dass Deutschland mehr investieren müsse, zum Beispiel in veraltete Infrastruktur wie Bahnschienen und Straßen und in Bildung und Wissenschaft. Investitionen würden sich später auszahlen, sodass auch zukünftige Generationen davon profitieren würden.

So kontrolliert der Bundestag die Bundesregierung

Weil die Kontrolle der Bundesregierung eine sehr wichtige Aufgabe des Bundestages ist, gibt es verschiedene feste Formate, in denen die Abgeordneten des Bundestages der Bundesregierung Fragen stellen können, die diese dann beantworten muss:

- In jeder Sitzungswoche im Bundestag gibt es eine **Regierungsbefragung**. Dabei kommen Vertreter der Bundesregierung – meistens Minister oder Staatssekretäre – in den Bundestag und beantworten die Fragen der Abgeordneten.
- Außerdem können Bundestagsabgeordnete im Rahmen ihrer Fraktion schriftlich **Kleine** und **Große Anfragen** stellen, die die Regierung innerhalb von zwei beziehungsweise drei Wochen beantworten muss. In den Anfragen kann es um Zahlen und Fakten gehen, aber auch um die Haltung der Bundesregierung zu einem bestimmten Thema. Kleine Anfragen werden schriftlich beantwortet, Große Anfragen werden im Plenum des Bundestages diskutiert.
- Auch einzelne Abgeordnete können **schriftliche Fragen** an die Bundesregierung stellen – bis zu viermal im Monat.

Alle Fragen und Antworten werden übrigens veröffentlicht und können also von jedem, den es interessiert, eingesehen werden.

Es gibt auch durchaus Kritik an den Anfragen: Die Ministerien müssen viel Zeit und Energie darauf verwenden, sie zu beantworten. In dieser Zeit können sie ihrer eigentlichen Arbeit nicht nachgehen. Außerdem sind die Kosten für die Prozesse rund um die Anfragen hoch. Und mitunter nutzt die Opposition die Anfragen hauptsächlich, um eigene politische Standpunkte hervorzuheben – der eigentliche Erkenntnisgewinn hält sich aber in Grenzen.

Die Wahl des Bundeskanzlers

Die Abgeordneten des Bundestages sind von den Bürgern in Deutschland direkt gewählt. Sie wählen ihrerseits Menschen in verschiedene wichtige Ämter, zum Beispiel in das Bundesverfassungsgericht oder in den Deutschen Ethikrat. Eine sehr wichtige Wahl ist die Wahl des Bundeskanzlers.

Wer darf Bundeskanzler werden?

Um Bundeskanzler zu werden, muss man mindestens 18 Jahre alt sein, die deutsche Staatsbürgerschaft haben und selbst wahlberechtigt sein. Man muss keinen Platz im Bundestag haben, also kein gewählter Abgeordneter sein.

Bei der Wahl des Bundeskanzlers gibt es nur einen Kandidaten. Den schlägt der Bundespräsident dem Bundestag vor. Dass der Bundespräsident den Kanzlerkandidaten vorschlägt, heißt aber nicht, dass er irgendwen auswählt. Er beobachtet nach der Bundestagswahl die Fraktionen und eventuelle Koalitionsbildungen und kann so absehen, wer gute Chancen hat. (Wie eine Koalition entsteht, erfahrt ihr in Kapitel 6 »Zusammen ist man stärker: Koalitionen«.) Der Bundespräsident schlägt also eine Person vor, von der er annimmt, dass sie auch gewählt wird. Dies ist normalerweise der Kanzlerkandidat einer Partei.

Dann sind die Abgeordneten am Zug: Sie entscheiden in einer geheimen Wahl darüber, ob sie den Vorschlag annehmen. Wenn mehr als die Hälfte aller Abgeordneten zustimmen, ist der Kandidat gewählt.

Was passiert, wenn der Kanzlerkandidat im Bundestag nicht die Mehrheit der Stimmen bekommt?

Dann gibt es eine zweite Wahlphase. Die Abgeordneten haben 14 Tage Zeit, in denen sie selbst Kandidaten benennen und wählen können. Kandidat kann nur werden, wer mindestens ein Viertel der Abgeordneten hinter sich hat. Bei der Wahl selbst müssen dann wieder mehr als die Hälfte aller Bundestagsmitglieder zustimmen, ein Kandidat braucht also eine absolute Mehrheit, um zu gewinnen.

Wenn in einem Zeitraum von zwei Wochen immer noch niemand genug Stimmen bekommt, geht es sofort in die dritte Wahlphase. Nun gelten andere Regeln: Dann ist derjenige gewählt, der die meisten Stimmen erhält. Es genügt also die relative Mehrheit.

Und jetzt kommt wieder der Bundespräsident ins Spiel. Er hat in dieser Situation zwei Möglichkeiten: Er kann den im dritten Wahlgang gewählten Kandidaten zum Bundeskanzler ernennen. Er kann sich aber auch dafür entscheiden, den Bundestag aufzulösen. Dann kommt es zu Neuwahlen.

Soweit die Theorie. In der Praxis kam es aber noch nie zu einem zweiten oder gar dritten Wahlgang.

Gesetze ausführen: Bundesregierung und Verwaltung

Die zweite Gewalt ist die Exekutive: Sie führt die Gesetze, die die Legislative beschließt, aus. Zur Exekutive gehören neben der Bundesregierung unter anderem auch die Landesregierungen, die Kreis-, Stadt- und Gemeindeverwaltungen, die Polizei, die Staatsanwaltschaft und das Finanzamt. Sie alle führen ihre Aufträge im Rahmen der geltenden Gesetze aus.

Zur Bundesregierung gehören der Bundeskanzler, die Minister und der Chef des Bundeskanzleramts, der den Kanzler berät, das Kanzleramt leitet und die Zusammenarbeit der Ministerien koordiniert. Wenn alle Mitglieder der Bundesregierung gemeint sind, spricht man auch vom »Bundeskabinett«.

Die Bundesministerien

Jedes Bundesministerium ist für einen bestimmten Politikbereich zuständig. Wie die Ministerien genau heißen und wie die Zuständigkeiten im Einzelnen verteilt sind, ändert sich auch mal von Regierung zu Regierung. Aber im Wesentlichen gibt es diese Themenbereiche:

- ✔ Wirtschaft
- ✔ Finanzen
- ✔ Arbeit und Soziales
- ✔ Familie, Senioren, Frauen und Jugend
- ✔ Bildung und Forschung
- ✔ Umwelt, Naturschutz, nukleare Sicherheit und Verbraucherschutz
- ✔ Ernährung und Landwirtschaft
- ✔ Gesundheit
- ✔ Digitales und Verkehr
- ✔ Wohnen, Stadtentwicklung und Bauwesen
- ✔ Inneres und Heimat

- ✔ Auswärtiges
- ✔ Wirtschaftliche Zusammenarbeit und Entwicklung
- ✔ Verteidigung
- ✔ Justiz
- ✔ Besondere Aufgaben/Chef des Bundeskanzleramts

Die Themen Klimaschutz und Digitales sind zum Beispiel immer mal in unterschiedlichen Ministerien mit angesiedelt. Es wird auch immer mal wieder diskutiert, ob es ein eigenes Digitalministerium geben sollte.

Angelehnt an die Themenbereiche der Ministerien sind übrigens auch die Ausschüsse im Bundestag.

Was ist mit »Schattenkabinett« gemeint?

Im Wahlkampf überlegen die kandidierenden Parteien meist schon, wen sie als Minister einsetzen würden. Die nennt man dann Schattenminister – und zusammen Schattenkabinett.

In den Ministerien entstehen die meisten Gesetzentwürfe. In den Kabinettssitzungen kommt die ganze Regierung zusammen, berät und entscheidet gemeinsam. Erst wenn ein Gesetzentwurf der Bundesregierung im Kabinett beschlossen wurde, geht er in den Bundestag.

Zudem kontrollieren viele Ministerien andere Behörden. Zum Beispiel kontrolliert das Bundesministerium der Finanzen die Bundesanstalt für Finanzdienstleistungsaufsicht. Das ist eine Behörde, die unter anderem die Aufsicht über Banken und Versicherungen hat und so prüft, ob diese sich an bestimmte Regeln halten.

Müssen Minister Erfahrung in ihrem Fach haben?

Man hört oft Kritik, wenn ein Minister neu anfängt in einem Bereich, aus dem er beruflich gar nicht kommt. Auf den ersten Blick scheint es natürlich viel sinnvoller, wenn ein Schulleiter Bildungsminister wird und ein Offizier Verteidigungsminister als zum Beispiel umgekehrt. Und prinzipiell ist Vorwissen in dem Themenbereich natürlich nicht schlecht. Andererseits ist es die Hauptaufgabe eines Ministers, eine große Behörde zu leiten – und sie nach außen zu vertreten. Er hat in seinem Ministerium sehr viele Experten sitzen, deren Meinung er einholen kann. Wenn ein Minister sich in ein neues Themengebiet gut einarbeitet, sich Expertenmeinungen aufmerksam anhört und dafür sorgt, dass in seinem Ministerium alles rund läuft, kann das sehr gut funktionieren. Und ganz allgemein ist es übrigens immer gut, wenn in einem Ministerium (das gilt auch für andere politische Institutionen) verschiedene berufliche Perspektiven vertreten sind, die unterschiedliche Sichtweisen auf ein Thema einbringen.

Der Kopf des Ganzen: Der Bundeskanzler

Der Bundeskanzler ist zwar formell nur der drittwichtigste Mensch in der deutschen Politik – nach dem Bundespräsidenten und dem Bundestagspräsidenten. Aber in der öffentlichen Wahrnehmung ist er am präsentesten.

Der Bundeskanzler leitet die Bundesregierung und bestimmt die Richtung der deutschen Politik. Er wählt auch die Minister aus und schlägt sie dem Bundespräsidenten vor, der die Auswahl bestätigen muss. Zwar arbeiten die Minister selbstständig, aber sie müssen dabei darauf achten, dass ihre Entscheidungen zur politischen Richtung des Kanzlers passen. Wenn es zum Streit innerhalb der Regierung kommt, entscheidet der Bundeskanzler, was zu tun ist.

Kann der Bundeskanzler abgewählt werden?

Ja. Der Bundestag kann dem Kanzler das Misstrauen aussprechen und ihn abwählen. Das nennt man »konstruktives Misstrauensvotum«. Wenn sie den Kanzler abwählen, müssen die Bundestagsabgeordneten gleichzeitig einen Nachfolger wählen. So soll verhindert werden, dass ein Machtvakuum entsteht und die Bundesregierung nicht mehr entscheidungsfähig ist.

In der Geschichte der Bundesrepublik gab es bisher nur einen einzigen Kanzler, der auf diese Weise ins Amt kam: 1982 wurde der Unionspolitiker Helmut Kohl als Nachfolger von Helmut Schmidt von der SPD gewählt, nachdem der Bundestag diesem das Misstrauen ausgesprochen hatte.

Übrigens kann der Bundeskanzler dem Bundestag auch selbst die »Vertrauensfrage« stellen. Entweder fragt er direkt, ob die Abgeordneten ihm noch vertrauen, oder er stellt eine Sachfrage. Zum Beispiel kann er fragen, ob der Bundestag einem bestimmten Gesetzentwurf zustimmt und dazu sagen, dass diese Entscheidung das Vertrauen in seine Person belegen würde – oder eben nicht. Wenn die Mehrheit der Abgeordneten dem Kanzler nicht mehr vertraut, kann dieser den Bundespräsidenten bitten, den Bundestag innerhalb von 21 Tagen aufzulösen. Die Vertrauensfrage wurde bisher sechsmal gestellt, zuletzt 2024 vom damaligen Bundeskanzler Olaf Scholz (SPD).

Recht sprechen: Die Gerichte

Die Gerichte des Staates sorgen dafür, dass Verstöße gegen das Gesetz bestraft werden, damit die Rechte der Menschen gewahrt werden. Sie bilden die dritte Gewalt: die Judikative. Der Begriff kommt aus dem Lateinischen und bedeutet »Recht sprechen«.

Es gibt drei große Bereiche der Judikative:

- Die **ordentliche Gerichtsbarkeit** umfasst die Zivil- und Strafgerichte.
- Die **besondere Gerichtsbarkeit** umfasst die Verwaltungs-, Finanz-, Sozial- und Arbeitsgerichte.
- Die **Verfassungsgerichtsbarkeit** umfasst die Verfassungsgerichte der Länder und das Bundesverfassungsgericht.

Für jeden Bereich gibt es Gesetzbücher, die die entsprechenden Gesetze bündeln.

Private Streitfragen und Straftaten: Zivil- und Strafprozesse

Bei allen Gerichtsprozessen, die in den Bereich der ordentlichen Gerichtsbarkeit fallen, geht es um Konflikte zwischen Personen und Privatunternehmen.

Die Zivilgerichte sind für private Streitigkeiten zwischen zwei Parteien zuständig. Wenn zum Beispiel jemand ein Smartphone gekauft hat, das nicht funktioniert, der Händler sich aber weigert, das Telefon zurückzunehmen, kann der Käufer den Händler verklagen. Dann kommt es zu einem Zivilprozess.

In Zivilprozessen wird oft nach einem sogenannten Vergleich gesucht. Das heißt, dass die Streitparteien sich auf einen Kompromiss einigen. Wenn es keine Einigung gibt und es zu einem Urteil des Gerichts kommt, muss diejenige Streitpartei die Kosten für den Prozess tragen, die verloren hat.

Dagegen sind Strafgerichte für Straftaten zuständig. Wenn jemand eine Straftat begeht, zum Beispiel einen Überfall, landet er vor einem Strafgericht.

Es gibt im Bereich der ordentlichen Gerichtsbarkeit vier Stufen:

- **Amtsgerichte** sind für kleinere Streitfälle zuständig.
- **Landgerichte** sind für ernstere Fälle zuständig – oder dann, wenn jemand gegen das Urteil eines Amtsgerichts Einspruch erhebt.
- **Oberlandesgerichte** sind die höchsten Gerichte in einem Bundesland. Sie werden tätig, wenn jemand ein Urteil eines Landgerichts anzweifelt.
- Der **Bundesgerichtshof** ist das höchste Gericht auf Bundesebene.

Zur ordentlichen Gerichtsbarkeit gehört auch die sogenannte »freiwillige Gerichtsbarkeit«. Sie behandelt keine Klagen, sondern das Gericht wird auf Antrag tätig. Dabei geht es oft um Familiensachen, zum Beispiel um Vormundschaften, Nachlasse oder Insolvenzen.

Öffentliche Streitfragen: Arbeits-, Sozial-, Finanz- und Verwaltungsgerichte

Die besondere Gerichtsbarkeit verhandelt Streitfälle, in die öffentliche Stellen involviert sind:

- **Arbeitsgerichte** beschäftigen sich mit Konflikten, die zwischen Arbeitgeber und Arbeitnehmer entstehen, aber auch mit Streitigkeiten zwischen Tarifvertragsparteien, also zum Beispiel zwischen Arbeitgebern und Gewerkschaften. An den Arbeitsgerichten nehmen übrigens ehrenamtliche Richter, die aus den Kreisen der Arbeitnehmer und Arbeitgeber bestellt werden, an der Rechtsprechung teil.
- **Sozialgerichte** urteilen in Fällen, die sich aus dem Sozialrecht ergeben, wenn also zum Beispiel jemand nicht einverstanden ist mit der Berechnung seiner Sozialleistungen.
- **Finanzgerichte** befassen sich mit öffentlichen Finanzthemen wie Steuern und Zöllen.
- **Verwaltungsgerichte** verhandeln Fälle, in denen Behörden involviert sind. Wenn jemand also gegen die Entscheidung einer Behörde vorgehen will, landet er beim Verwaltungsgericht.

In all diesen Bereichen gibt es jeweils Gerichte auf kommunaler, Landes- und Bundesebene.

Grundsatzfragen: Die Verfassungsgerichte

Wenn es Zweifel darüber gibt, ob eine Regelung mit der Verfassung vereinbar ist, oder wenn es Streit über die Auslegung einer Verfassung in einem konkreten Fall gibt, entscheidet das zuständige Verfassungsgericht. Wenn es um eine Landesverfassung geht, ist das das Landesverfassungsgericht. Beim Grundgesetz ist es das Bundesverfassungsgericht.

(Über das Bundesverfassungsgericht erfahrt ihr mehr in Kapitel 3 »Demokratie in Deutschland: Das Grundgesetz legt das Wichtigste fest«.)

In Deutschland hat jeder das Recht, seine Grundrechte beim Staat einzufordern, wenn er findet, dass sie beschnitten werden. Man kann das tun, indem man eine Verfassungsbeschwerde beim Verfassungsgerichtshof einreicht.

Und wozu gibt es einen Bundespräsidenten?

In anderen Ländern gibt es sehr bekannte, präsente Präsidenten, die viel Entscheidungsspielraum haben. In Deutschland hat der Bundespräsident eher eine vereinende Rolle. Er soll unabhängig von politischen Machtspielen und Wahlkämpfen etwas Ruhe und Besonnenheit in den politischen Betrieb bringen.

Warum hat der Bundespräsident in Deutschland nicht mehr Macht?

Das hat historische Gründe. Denn in der Weimarer Republik war der Reichspräsident sehr mächtig, fast eine Art Ersatzkaiser. Und das hatte unter anderem zur Folge, dass der letzte Reichspräsident Paul von Hindenburg Adolf Hitler zur Macht verhalf.

Rein formell steht der Bundespräsident als Staatsoberhaupt ganz oben in der politischen Hierarchie.

Konkret hat der Bundespräsident unter anderem diese Aufgaben:

- ✔ Er prüft und unterzeichnet alle Gesetze. Ohne seine Unterschrift kann kein Gesetz in Kraft treten.
- ✔ Er schlägt dem Bundestag einen Kanzlerkandidaten vor, den die Bundestagsabgeordneten dann wählen. Den gewählten Kanzler ernennt der Bundespräsident.

- Er ernennt auch die Bundesminister, die der Bundeskanzler vorschlägt.
- Wenn der Bundeskanzler dem Bundestag die Vertrauensfrage stellt und sie verliert, dann entscheidet der Bundespräsident über die vorzeitige Auflösung des Bundestags und Neuwahlen.
- Er vertritt den Bund völkerrechtlich. Das heißt, er schließt im Namen des Bundes die Verträge mit auswärtigen Staaten.
- Er akkreditiert alle Botschafter, die von anderen Ländern nach Deutschland geschickt werden.
- Er repräsentiert Deutschland bei Staatsbesuchen.

Kommt es auch vor, dass der Bundespräsident ein Gesetz nicht annimmt?

Selten, aber ja. Bundespräsident Horst Köhler zum Beispiel verweigerte zwei Gesetzen die Unterschrift, weil er Bedenken hatte, dass sie mit dem Grundgesetz vereinbar seien.

Die Wahl des Bundespräsidenten

Gewählt wird der Bundespräsident von der **Bundesversammlung**. Sie ist die größte parlamentarische Versammlung der Bundesrepublik und kommt nur zu diesem Zweck zusammen. Die Bundesversammlung besteht zur Hälfte aus den Abgeordneten des Bundestages und zur anderen Hälfte aus einer gleichgroßen Zahl von Mitgliedern, die von den Landesparlamenten gewählt werden. Wie viele dieser Wahlleute ein Bundesland wählen und in die Bundesversammlung schicken darf, hängt von der Einwohnerzahl ab. Viele Länder entsenden auch Nicht-Politiker in die Bundesversammlung, sodass an diesem Tag im Reichstagsgebäude auch Schauspieler, Sportler und andere Berühmtheiten anzutreffen sind.

Wie oft darf man Bundespräsident werden?

Der Bundespräsident wird für fünf Jahre gewählt und darf höchstens einmal wiedergewählt werden. Ein Bundespräsident kann also maximal zehn Jahre lang im Amt bleiben.

Der Bundespräsident kann nicht abgesetzt werden, es sei denn er verletzt das Grundgesetz oder das Bundesgesetz. In dem Fall müsste der Bundestag oder der Bundesrat ihn anklagen, daraufhin müsste das Bundesverfassungsgericht tätig werden und gegebenenfalls seine Absetzung entscheiden. Freiwillig zurücktreten kann der Bundespräsident aber.

Kann das weg? Streit um die Notwendigkeit eines Bundespräsidenten

Immer wieder taucht in der Öffentlichkeit die Diskussion auf, ob Deutschland überhaupt einen Präsidenten brauche. Kritiker sagen, er habe ohnehin keine Entscheidungsgewalt, sondern nur symbolische Aufgaben. Seine Überparteilichkeit sei ohnehin eine Illusion, da der Bundespräsident in der Regel einer Partei angehöre und von einer oder mehreren Parteien unterstützt werde. Zudem koste das Amt zu viel Geld. Denn ein Bundespräsident bekommt als einziger Amtsträger sein volles Gehalt lebenslang – egal, wie lange er im Amt war.

Befürworter sagen dagegen, gerade in Zeiten, in denen die politischen Lager sich immer mehr spalten, sei eine Figur, die das politische Ganze repräsentiere und auf streitende Kräfte verbindend einwirke, wichtig.

Teil II
Kompromisse finden – wie viel Streit gut ist

IN DIESEM TEIL ...

- Wie politische Meinungen entstehen und wer Einfluss darauf nimmt
- Parteien und andere Interessensvertretungen
- Warum politische Mehrheiten wichtig sind
- Chancen und Herausforderungen politischer Bündnisse
- Wie mächtig eine Opposition sein kann
- Wofür wir den öffentlichen Austausch von Meinungen brauchen und welche Regeln dafür gelten
- Die Rolle der Medien, insbesondere der Sozialen Medien

IN DIESEM KAPITEL

Links, rechts, dazwischen: Politische Grundhaltungen

Warum Parteien wichtig sind

Andere Interessensvertretungen

Lobby-Arbeit und andere Arten der Einflussnahme

Kapitel 5
Viele Interessen, viel Konfliktpotenzial

In Deutschland leben mehr als 84 Millionen Menschen. Mit ganz unterschiedlichen Meinungen, Interessen und Zielen. Als einer von 84 Millionen Menschen die eigenen Interessen durchzusetzen, ist schwierig. Viel erfolgversprechender ist es, sich zusammenzutun, um gemeinsam politisch etwas zu erreichen. Dafür aber muss man sich erst mal politisch verorten, die eigene Position definieren – um sich dann auf die Suche nach Gleichgesinnten machen zu können.

Von links nach rechts: Das politische Meinungsspektrum

Wie definiert man die eigene politische Haltung? Politische Meinungen sind immer vielschichtig und komplex und deshalb schwer in wenige Worte zu packen. Aber es gibt ein paar Grundbegriffe, die bei der Orientierung helfen.

Rechts und **links**, das sind die beiden gegensätzlichen Extreme des politischen Meinungsspektrums. So klar, wie sie klingen, sind diese Begriffe allerdings gar nicht. Es gibt auf beiden Seiten sehr unterschiedliche Menschen und Gruppen, die sich mit diesen Begriffen identifizieren und sie anderen absprechen, die sie genauso für sich in Anspruch nehmen.

Rechts bedeutet erst mal: **konservativ**. Konservative Menschen wollen Altbewährtes erhalten: Werte, Traditionen, Gesellschaftsordnungen. Mitunter wünschen sie sich auch Vergangenes zurück.

Links bedeutet: **sozialistisch**. Anhänger von linken Gruppierungen wollen in der Regel alte soziale Strukturen, die sie für ungerecht halten, aufbrechen und etwas Neues schaffen. Sie setzen sich für mehr Gleichheit ein. Konkret versammeln sich aber gerade unter dem Begriff »links« extrem unterschiedliche Ansätze. (Mehr dazu erfahrt ihr in dem Abschnitt »Die Parteien und wofür sie stehen« weiter hinten in diesem Kapitel.)

Was ist Sozialismus?

Der Begriff Sozialismus umfasst ein großes Spektrum an politischen Ansätzen. Ein Grundgedanke ist die Abschaffung des Kapitalismus. Eigentum soll überwunden werden, das Ziel ist eine solidarische Gemeinschaft der Freiheit und Gleichheit.

Aus diesem Grundgedanken haben sich ganz verschiedene konkrete Vorstellungen von Gesellschaft entwickelt. Es gibt den revolutionären Sozialismus, der die bestehenden Verhältnisse schnell und gewaltsam beenden will. Eine Extremform dieser Richtung ist die **Anarchie**, die Überwindung jeder staatlichen Autorität, aller Normen und Gesetze. Es gibt aber auch den sogenannten reformatorischen oder demokratischen Sozialismus, der die Gesellschaft nach und nach innerhalb der bestehenden Ordnung verändern will – eine sehr viel gemäßigtere Richtung also.

Nicht nur in der Geschichte, auch in der heutigen Welt kann man ganz verschiedene Ausformungen von Sozialismus beobachten. Extrem ist zum Beispiel der autoritäre **Kommunismus** in China, in dem der Einzelne sich dem Gemeinwesen absolut unterordnen muss, in dem die Wirtschaft komplett vom Staat gelenkt wird. Eine ganz andere Richtung ist etwa die Sozialdemokratie in Skandinavien, in deren Zentrum ein **Wohlfahrtsstaat** steht, der versucht, soziale Ungleichheiten auszugleichen, indem er die sozial Schwachen unterstützt.

Die Begriffe rechts und links werden umgangssprachlich oft mit ihren Extremen gleichgesetzt. Ein Rechtsextremer wünscht sich vielleicht Hitlers nationalsozialistisches Deutschland zurück. Und eine Linksextreme träumt vielleicht davon, Villenviertel abzufackeln und alles Eigentum abzuschaffen. Ein Großteil der konservativ beziehungsweise progressiv denkenden Menschen teilt solche Fantasien aber natürlich nicht.

Woher kommen die Begriffe rechts und links im politischen Bereich?

Von der Sitzordnung im Parlament. Deutschland hat diese Idee übrigens aus Frankreich übernommen, wo sie im Zuge der Französischen Revolution entstanden ist. Hier wie dort sitzen aus Sicht der Parlamentspräsidentin oder des Parlamentspräsidenten die Parteien, die sehr links orientiert sind, ganz links, die sehr rechten ganz rechts – und der Rest entsprechend dazwischen.

Und was liegt zwischen rechts und links? **Liberal** ist da noch so ein wichtiger Grundbegriff. Liberal gesinnte Menschen wünschen sich Freiheit. Sie finden, dass der Staat sich so wenig wie möglich einmischen sollte, weder mit Verboten noch mit Förderungen. Sie glauben, dass sich auf dem freien Markt schon von ganz alleine das durchsetzt, was die meisten Menschen wollen.

Grundbegriffe sind immer verallgemeinernd. Sowohl einzelne Menschen als auch Parteien können natürlich durchaus konservative, liberale und progressive Ansichten haben, je nach Thema. Die Einteilung des politischen Spektrums von rechts nach links ist in modernen Demokratien kaum noch aussagekräftig, weil es viele politische Strömungen gibt, die sich darin kaum einsortieren lassen.

Die Parteien und wofür sie stehen

Wer politisch etwas bewirken möchte, hat verschiedene Möglichkeiten. Die offensichtlichste ist vielleicht, auf ein politisches Amt hinzuarbeiten. Denn wer ein politisches Amt hat, kann Entscheidungen treffen und so die Regeln unseres Zusammenlebens mitbestimmen.

Wer ein politisches Amt anstrebt, tritt in der Regel in eine Partei ein. Das ist kein Muss; es gibt Bürgermeister und auch Abgeordnete in Landtagen und im Bundestag, die parteilos sind. Aber es macht natürlich vieles einfacher, eine Partei hinter sich zu haben, deren Strukturen man nutzen kann. Wer vom Info-Stand im Stadtpark bis hin zur Social-Media-Arbeit alles ganz alleine machen muss, hat auf jeden Fall mehr zu tun. Und auch Mehrheiten für die eigenen politischen Forderungen zu finden, ist einfacher, wenn man Partei-Freunde mit ähnlichen Meinungen hat. (Mehr dazu in Kapitel 6 »Zusammen ist man stärker: Koalitionen«.)

Parteien sind aber nicht nur für einzelne Menschen wichtig, die politische Ziele haben, sondern auch für die ganze Gesellschaft. Im Grundgesetz steht: »Die Parteien wirken bei der politischen Willensbildung des Volkes mit.« Was heißt das genau? In modernen Demokratien erfüllen Parteien eine Reihe von Aufgaben:

- ✔ Parteien bündeln die verschiedenen **Meinungen und Interessen**, die es in der Gesellschaft gibt. Sie formulieren politische Ziele, zu denen sich jeder positionieren und so seine eigene Haltung finden kann.
- ✔ Parteien tragen zur **politischen Bildung** bei, indem sie etwa zu bestimmten Themen informieren, Diskussionsrunden, Demonstrationen oder andere Veranstaltungen organisieren.
- ✔ Parteien bieten den Menschen Möglichkeiten, sich politisch einzubringen – nicht nur als Amtsträger, sondern zum Beispiel auch als Parteimitglied, das sich vielleicht eher im Stillen an Projekten beteiligt, als für einen Posten zu kandidieren.
- ✔ Parteien sorgen für **politische Konkurrenz**. Denn dadurch, dass es verschiedene Parteien gibt, haben Wählerinnen und Wähler immer eine Wahl. Nur so funktioniert Demokratie. Ein-Parteien-Systeme sind nicht demokratisch. (Mehr dazu erfahrt ihr in Kapitel 2 »Was eine Demokratie ausmacht«.)
- ✔ Parteien **übernehmen politische Verantwortung**, indem sie in Parlamenten und Kabinetten vertreten sind und Entscheidungen treffen.
- ✔ In der Opposition **kontrollieren** Parteien die **Regierung**.
- ✔ Parteien sorgen für **politischen Nachwuchs**.

Natürlich gibt es auch Kritik an den Parteien. Hier ein paar häufige Kritikpunkte:

- ✔ Parteien seien nicht **demokratisch** genug. Hier ist der Vorwurf, dass in Parteien oft diejenigen wichtige Posten bekommen, die die richtigen Leute kennen, nicht die, die die beste Arbeit machen.

- Parteien seien nicht **modern** genug. Parteien haben Regeln und Strukturen, die manchen kompliziert und starr erscheinen. Große Treffen laufen nach festen Plänen ab, Abstimmungen dauern oft lange und so weiter. Das schreckt Menschen, die gerne anpacken und etwas verändern wollen, mitunter ab.

Wie berechtigt sind solche Kritikpunkte?

Das muss man sich im Einzelfall genau anschauen und prüfen, weil nicht alle Parteien gleich aufgebaut und strukturiert sind. Manche sind natürlich deutlich moderner als andere. Pauschale Kritik ist selten hilfreich. Die Strukturen, die es gibt, haben meistens einen sinnvollen Hintergrund. Was nicht heißt, dass man sie nicht verändern und modernisieren kann. Wenn ihr euch selbst in einer Partei engagiert, könnt ihr am besten mitgestalten, wie demokratisch, transparent und modern es dort zugeht. (Mehr dazu in Kapitel 15 »Politisches Engagement, mit oder ohne Partei«.)

Ein großes Thema, das auch oft kritisch diskutiert wird, ist die **Parteienfinanzierung**, also die Frage, woher Parteien ihr Geld bekommen. Parteien werden finanziert durch:

- die **Mitgliedsbeiträge** ihrer Mitglieder
- **Spenden** – wobei sogenannte »Einflussspenden«, die offensichtlich als Gegenleistung für einen politischen Vorteil bezahlt werden, verboten sind und besonders hohe Spenden angegeben werden müssen und kontrolliert werden
- **Einnahmen** aus Veranstaltungen, Veröffentlichungen und so weiter
- **Geld vom Staat**, das sich prinzipiell nach dem Anteil der Wählerstimmen bemisst (es gibt aber eine Obergrenze)

Manche finden, dass Parteien vom Staat zu viel Geld bekommen. Ob der Staat Parteien überhaupt mitfinanzieren sollte, war lange umstritten. Andere sehen die Spenden trotz der Kontrollmechanismen kritisch, weil sie der Meinung sind, dass, wenn zum Beispiel ein Unternehmen einer Partei viel Geld spendet, diese Partei im Sinne dieses Unternehmens Politik machen wird.

Wie gründet man eine Partei?

Im Prinzip kann jeder eine Partei gründen. Was man dafür braucht, regelt das Parteiengesetz:

1. einen **Gründungsvertrag**
2. ein **Parteiprogramm**, in dem die grundsätzlichen politischen Werte und Ziele festgelegt sind
3. eine **Parteisatzung**, die erklärt, wie die Partei organisatorisch aufgebaut ist
4. genug **Mitglieder**, um alle Aufgaben innerhalb der Partei sinnvoll umzusetzen (eine feste Zahl an Mitgliedern ist aber nicht vorgeschrieben)
5. einen von den Mitgliedern gewählten **Parteivorstand**, der aus mindestens drei Mitgliedern besteht
6. **einen Namen**, der sich deutlich von den Namen anderer Parteien abgrenzt
7. ein **Gründungsprotokoll**
8. eine **Anmeldung beim Bundeswahlleiter** oder bei der Bundeswahlleiterin

Eine Partei hört übrigens automatisch auf, eine Partei zu sein, wenn sie sechs Jahre lang nicht an Landtags- oder Bundestagswahlen teilnimmt. Das heißt, eine Partei muss ernsthaft versuchen, politische Verantwortung zu übernehmen.

Um allerdings tatsächlich im Landtag oder Bundestag zu landen, muss jede Partei die **Fünf-Prozent-Hürde** nehmen, sie muss also bundesweit mindestens fünf Prozent aller abgegebenen Zweitstimmen bekommen. (Mehr zum Thema Wahlen erfahrt ihr in Kapitel 13 »Wer wählen darf und was das bringt«.)

Eine Ausnahme gibt es allerdings: Die Fünf-Prozent-Hürde gilt nicht für Parteien, die ethnische Minderheiten vertreten. Ein Beispiel ist der Südschleswigsche Wählerverband, der die dänische Minderheit in Schleswig-Holstein vertritt. Diese Gruppe ist so klein, dass sie fünf Prozent nicht erreichen könnte. Weil Demokratie aber immer auch bedeutet, Rücksicht auf Minderheiten zu nehmen, gibt es diese Ausnahmeregelung.

Wann kann eine Partei verboten werden?

Die Antwort klingt erst mal einfach: Wenn sie verfassungswidrig ist. Etwas konkreter definiert das Grundgesetz das so: Wenn es Hinweise darauf gibt, dass sie das Ziel hat, die freiheitlich-demokratische Grundordnung zu gefährden oder die Bundesrepublik Deutschland abzuschaffen. Ob das im konkreten Fall tatsächlich so ist, entscheidet in einem Parteiverbotsverfahren das Bundesverfassungsgericht.

In der Geschichte der Bundesrepublik gab es erst zwei Parteiverbote, beide in den 1950er Jahren: Die Sozialistische Reichspartei wurde 1952, die Kommunistische Partei Deutschlands 1956 verboten. Es gab später noch einen weiteren, allerdings erfolglosen Versuch, eine Partei zu verbieten, nämlich die rechtsextreme NPD (Nationaldemokratische Partei Deutschlands). Der erste Versuch scheiterte 2003, der zweite 2017. 2003 scheiterte das Verfahren an dem Fehler des Bundesamtes für Verfassungsschutz, das sogenannte V-Leute in die Partei eingeschleust hatte. 2017 begründete das Bundesverfassungsgericht seine Entscheidung damit, dass von der Partei keine echte Gefahr ausgehe, weil sie zu bedeutungslos sei, um die freiheitlich-demokratische Grundordnung ernsthaft zu gefährden.

Seit Langem wird diskutiert, ob man den Versuch unternehmen sollte, die Alternative für Deutschland (AfD) zu verbieten. Sowohl die Frage, ob das juristisch klappen würde, als auch die Frage, ob das politisch sinnvoll wäre, ist umstritten. Manche befürchten, Anhänger der AfD könnten dadurch den Glauben an die Demokratie endgültig verlieren und sich weiter radikalisieren. Andere hoffen, dadurch verhindern zu können, dass die AfD Vorhaben umsetzt, die der Demokratie schaden würden.

Die größten Parteien in Deutschland

- ✔ **SPD:** Die Kernidee der SPD ist die Sozialdemokratie: Sie setzt sich für Gerechtigkeit und Solidarität ein, dafür, den Schwächsten in der Gesellschaft zu helfen, damit sie nicht benachteiligt werden. Angefangen hat die SPD als Arbeiterpartei. Inzwischen versteht sie sich als Volkspartei, die für die ganze Gesellschaft einsteht.

  Die Sozialdemokratische Partei Deutschlands ist übrigens die älteste politische Partei in Deutschland. Ihre Vorgängerorganisation, die noch anders hieß, wurde 1863 gegründet. Im Nationalsozialismus war die Partei verboten, 1945 wurde sie neu gegründet.

- **CDU:** Die Christlich Demokratische Union Deutschlands ist in vielen Fragen konservativ eingestellt, hat aber auch eine christlich-soziale Seite. Werte wie Tradition, Familie und Stabilität sind der CDU besonders wichtig. Großen gesellschaftlichen Veränderungen steht sie in der Regel eher vorsichtig gegenüber.

  Die CDU entstand 1945, nach dem Zweiten Weltkrieg, aus verschiedenen bürgerlichen Parteien.

  Eine kleine Besonderheit im Parteienspektrum ist die **CSU**, die Christlich-Soziale Union. Sie tritt nur in Bayern an, wo die CDU dafür keinen eigenen Landesverband hat. Im Bundestag bilden CDU und CSU zusammen eine Fraktion. Zusammen werden die beiden Parteien »Unionsparteien« oder auch »die Union« genannt.

- **FDP:** Die Freie Demokratische Partei versteht sich als liberale Partei, das heißt, dass sie vor allem in Wirtschaftsfragen, aber auch bei den Bürgerrechten mehr Freiheiten und Verantwortung des Einzelnen fordert. Sie möchte, dass der Staat sich zurückhält mit Vorgaben und Einschränkungen. Die FDP wurde 1948 gegründet.

- **Bündnis 90/Die Grünen:** Die Grünen gibt es seit 1980. Sie sind damals aus verschiedenen neuen sozialen Bewegungen der 1970er-Jahre entstanden (deshalb »Bündnis«), zum Beispiel aus der Frauenbewegung, der Friedensbewegung und natürlich der Umweltbewegung (deshalb »Grüne«). Der Umweltschutz ist auch heute noch ihr größtes Thema. Außerdem steht sie für Multikulturalismus und gesellschaftliche Vielfalt.

- **Die Linke:** Die Linke entstand 2007 aus zwei stark linksorientierten Parteien: der eher westdeutschen WASG (das steht für: Arbeit & soziale Gerechtigkeit – Die Wahlalternative) und der ostdeutschen PDS (Partei des Demokratischen Sozialismus), die wiederum nach der Wiedervereinigung aus der SED (Sozialistische Einheit Deutschlands) hervorgegangen war. Das Hauptziel der Linken ist es, den Kapitalismus zu überwinden und ein sozialeres, solidarischeres Miteinander zu schaffen. Das nennt man demokratischen Sozialismus. Da Teile der Linken aus der SED hervorgingen, der regierenden Partei in der DDR, war die Partei gerade am Anfang stark umstritten.

- **AfD:** Die Alternative für Deutschland gibt es seit 2013, sie ist also die jüngste der großen Parteien in Deutschland. Am Anfang äußerte sie sich vor allem kritisch gegenüber der Europäischen Union und dem Euro. Ihr Schwerpunkt verlagerte sich dann aber immer mehr auf die Themen

Migrations- und Flüchtlingspolitik. Als 2015 der Bürgerkrieg in Syrien eskalierte und immer mehr Menschen nach Europa flüchteten, sprach die AfD sich gegen die Aufnahme weiterer Asylbewerber in Deutschland aus. 2017 zog die AfD erstmals in den Bundestag ein.

✔ **BSW:** Das »Bündnis Sahra Wagenknecht – Vernunft und Gerechtigkeit« hat sich im Januar 2024 gegründet. Das BSW ist die erste deutsche Partei, die den Namen ihrer Gründerin trägt: Sahra Wagenknecht war lange bei der Partei Die Linke, bevor sie ihre eigene Partei gründete. Eine andere Besonderheit ist, dass die Partei nur wenige Mitglieder hat, weil sie ein deutlich strengeres Aufnahmeverfahren hat als andere. Inhaltlich wird das BSW wirtschaftlich eher dem linken Spektrum zugeordnet, gesellschaftlich dem rechten.

Warum ist die AfD anders als andere Parteien?

Teile der AfD werden vom Bundesverfassungsschutz als rechtsextrem eingestuft. Etliche AfD-Politiker haben enge Verbindungen zu bekannten Rechtsextremisten und zu radikalen Gruppierungen wie der Identitären Bewegung. Die Partei ist insgesamt für extreme Aussagen über gesellschaftliche Minderheiten bekannt. So äußert sie sich sehr regelmäßig negativ über Menschen ausländischer Herkunft, aber auch zum Beispiel über Mitglieder der queeren Community oder über Feministinnen.

Die AfD fällt auch immer wieder mit verfassungsfeindlichen Aussagen auf. Das heißt, sie kritisiert ganz prinzipiell das politische System Deutschlands und distanziert sich davon. Sie zweifelt die Prinzipien des demokratischen Rechtsstaats an, etwa indem sie behauptet, es gebe in Deutschland staatlich gesteuerte »Systemmedien«. Obwohl sie im Bundestag und in Landtagen sitzt und Bürgermeister stellt, versteht sie sich nicht als Teil des politischen Systems und grenzt sich klar von allen anderen Parteien ab, die sie abwertend als »Altparteien« bezeichnet.

Aufgrund dieser extremen Positionen schließen alle anderen Parteien strikt aus, mit der AfD eine Koalition, also ein Regierungsbündnis einzugehen. Im Bundestag zeigen die Parteien auf verschiedene Art ihre Ablehnung der AfD. So haben sie bisher keinen der vielen Vorschläge der AfD für einen stellvertretenden Bundestagspräsidenten angenommen. Deshalb ist die AfD als einzige Fraktion nicht im Bundestagspräsidium vertreten. Auch in anderen Gremien ist die AfD nicht vertreten, weil die anderen Parteien sie als antidemokratisch wahrnehmen und nicht durch sie vertreten werden wollen.

Die vielen kleineren Parteien

Früher waren SPD und CDU die beiden großen Volksparteien, die bei Wahlen zusammen einen Großteil der Stimmen bekamen. Das hat sich inzwischen gewandelt. Heute hat Deutschland ein sogenanntes **pluralistisches Parteiensystem** mit vielen Parteien, die bei der Stimmverteilung nicht allzu weit auseinanderliegen.

Neben den genannten sechs gibt es noch viele andere Parteien – mehr, als die meisten Leute kennen. Manche davon haben es noch nie in den Bundestag geschafft, sind aber in den Bundesländern teilweise durchaus in den Landtagen vertreten. Und auch im Europaparlament sitzen deutlich mehr Parteien als im Deutschen Bundestag.

Hier einige der größeren unter den kleinen Parteien:

- ✔ **Volt Deutschland:** Volt gibt es seit 2017 in verschiedenen europäischen Ländern, so auch in Deutschland. Die pro-europäische Partei setzt sich vor allem in typischen linksliberalen Themenbereichen wie Klimaschutz, Migration und soziale Gerechtigkeit ein.

- ✔ **Freie Wähler:** Aus verschiedenen kommunalen Wählergruppen, die vor allem das Ziel hatten, die Selbstverwaltung in den Kommunen zu stärken, entstand 2009 die bundesweite Partei Freie Wähler. Sie ist konservativ ausgerichtet und arbeitet in Bayern eng mit der CSU zusammen.

- ✔ **Piratenpartei:** Der Name verweist auf das Thema Internetpiraterie, denn die Piratenpartei interessiert sich vor allem für Netzpolitik. Sie fordert zum Beispiel besseren Datenschutz, ein strenges Urheberrecht im Internet und einen starken Verbraucherschutz für Nutzer.

- ✔ **Partei Mensch Umwelt Tierschutz:** Vergleichsweise alt ist die Partei Mensch Umwelt Tierschutz, die kurz Tierschutzpartei genannt wird. Seit 1993 setzt sie sich für Klimaschutz, Tier- und Menschenrechte ein. Sie fordert beispielsweise eine Umstellung auf den Veganismus.

Übrigens gibt es auch Parteien mit richtig witzigen Namen: Deutsche Sportpartei etwa, Die Urbane. Eine HipHop-Partei, die Gartenpartei, Partei der Vernunft, Anarchistische Pogo-Partei Deutschlands, Die Violetten oder die Satire-Partei, die einfach »Die Partei« heißt.

Verband, Gewerkschaft, NGO: Andere Interessensvertretungen

Neben Parteien gibt es noch andere Interessensvertretungen, also organisierte Gruppen von Menschen, die sich zusammentun, um sich für ihre gemeinsamen Interessen einzusetzen.

Interessensvertretungen können Vereine jeder Art sein, NGOs, also Nichtregierungsorganisationen wie Greenpeace, Amnesty International und so weiter, aber zum Beispiel auch Kirchen, Bürgerinitiativen oder Schülerräte.

Wichtige Interessensvertretungen sind auch **Verbände**. Während die Mitglieder eines Vereins sich zu einem bestimmten Zweck zusammentun – etwa um Fußball zu spielen oder Kunstwerke auszustellen – ist ein Verband ausdrücklich dafür da, die Interessen bestimmter Gruppen politisch zu vertreten. Es gibt sehr unterschiedliche Verbände. Im Bereich Wirtschaft sind das etwa Berufsverbände, Verbände, die eine ganze Branche vertreten, Kammern wie die Handwerkskammer oder die Industrie- und Handelskammer, Gewerkschaften oder Verbraucherverbände. Verbände im sozialen Bereich sind zum Beispiel das Deutsche Rote Kreuz, die Johanniter, aber auch andere Sozialverbände wie der Deutsche Mieterbund. Auch Jugendverbände zählen dazu, mit dem Deutschen Bundesjugendring haben sie eine Art Dachorganisation.

Verbände sind Parteien in vielen Punkten gar nicht so unähnlich. Sie sind demokratisch organisiert, sie wählen zum Beispiel einen Vorstand und auch andere feste Posten. Sie haben oft ein Statut, also feste Strukturen.

Etwas anders sieht es bei **sozialen Bewegungen** aus. Auch sie bringen Menschen zusammen, die ein gemeinsames Interesse haben, das sie voranbringen wollen. Aber soziale Bewegungen haben meistens wesentlich lockerere Organisationsstrukturen, kein Statut, keine offiziellen Posten. Sie entstehen oft aus einem konkreten Anlass und bringen verschiedene organisierte Gruppen zusammen. Sie sind oft kurzlebiger als Verbände, die eine lange Tradition haben und über Jahrzehnte bestehen.

Fridays for Future ist eine soziale Bewegung. Aus Schulstreiks für mehr Klimaschutz entstand eine Bewegung, die weltweit immer größer wurde. Inzwischen gibt es Länder- und auch Ortsgruppen, die Streiks, Demonstrationen und andere Protestformen vor Ort organisieren. Es gibt auch neue Gruppierungen wie Students for Future, Parents for Future und Scientists for Future. Einen gewählten Vorstand oder offizielle Sprecherinnen und Sprecher der Bewegung gibt es aber nach wie vor nicht.

Wer wie Einfluss auf Entscheidungen nimmt

Politische Entscheidungen treffen Politiker. Andere Interessensvertretungen haben aber verschiedene Möglichkeiten, diese Entscheidungen mit zu beeinflussen. Wenn Interessensvertreter den Kontakt zu Politikern suchen und regelmäßig mit ihnen im Gespräch sind, um ihnen ihre Haltung zu erklären und ihre Meinung stark zu machen, nennt man das **Lobbyismus**.

Lobby ist das englische Wort für Vorhalle, daher erklärt sich der Begriff: Die Politiker lassen die Interessensvertreter, die Lobbyisten nicht in ihre Gremien vor, wo die Entscheidungen getroffen werden. Sondern sie begegnen ihnen in den Vorhallen und besprechen aktuelle Themen und anstehende Gesetze mit ihnen. Die Eindrücke aus diesen Gesprächen nehmen sie mit in ihre politische Arbeit.

Der Begriff Lobbyismus ist bei vielen negativ besetzt. Man denkt – um das Bild mal ein bisschen zu überziehen – dabei an Wirtschaftsvertreter, die mit Koffern voller Geld ins Parlament kommen und versuchen, die Politik zu bestechen oder zu erpressen. Das hat mit der Wirklichkeit wenig zu tun. Lobby-Arbeit machen nicht nur Wirtschaftsvertreter, sondern eben auch Sportverbände, Umweltorganisationen oder Arztverbände – eben Interessensvertretungen jeder Art. Das gehört sogar zu ihren wichtigsten Aufgaben, denn sie haben sich ja gegründet, um ihre Anliegen öffentlich zu machen und etwas zu bewirken.

Es gibt natürlich auch immer wieder Versuche, auf illegale Art Einfluss auf die Politik zu nehmen, zum Beispiel durch Bestechung. Aber das darf man nicht allen Lobbyisten pauschal unterstellen.

Um sicherzustellen, dass Interessensvertretungen eben keinen unzulässigen Einfluss auf Politikerinnen und Politiker neben, gibt es das **Lobbyregister**. Darin müssen sich alle Unternehmen, Verbände, Organisationen, Netzwerke und Privatpersonen eintragen, die Kontakte zu Abgeordneten haben, um ihre Interessen zu vertreten. Die Liste ist im Internet für jeden öffentlich einsehbar. Alle gelisteten Lobbyisten sind verpflichtet, einen Verhaltenskodex zu befolgen: Sie müssen offen, ehrlich und transparent mit Politikerinnen und Politikern sprechen. Verstöße gegen diesen Kodex werden im Lobbyregister veröffentlicht.

Dürfen Politiker Funktionen in Interessensverbänden bekleiden?

Ja. Es gibt auch durchaus besondere Verbindungen von manchen Parteien zu manchen Interessensverbänden. So liegt es nahe, dass CDU und CSU als christliche Parteien besondere Beziehungen zur Kirche haben. Die SPD ist als Partei, der die Rechte der Arbeitnehmer besonders wichtig sind, in besonders engem Austausch mit den Gewerkschaften. Solange alle Seiten ehrlich mit diesen Verbindungen umgehen, ist das weder verboten noch schädlich.

Im Bundestag treffen sich die Abgeordneten nicht nur mit Interessensvertreterinnen und -vertretern zu Einzelgesprächen, sie laden sie auch oft ein, sich in den **Ausschüssen** als Experten einzubringen. Ausschüsse sind Arbeitsgruppen im Bundestag, die sich mit speziellen Themen wie Bildung, Umwelt, Medizin oder Verkehr beschäftigen. Sie beschäftigen sich zum Beispiel intensiv mit neuen Gesetzesvorhaben in ihrem Themenbereich und versuchen, sie zu verbessern, bevor darüber abgestimmt wird. Zu den Sitzungen werden oft sogenannte Sachverständige eingeladen, die den Abgeordneten Einblicke in bestimmte Aspekte des diskutierten Themas geben. Das sind oft Wissenschaftler oder sonstige Expertinnen, manchmal auch Betroffene.

In der Corona-Pandemie haben die Abgeordneten sich viel damit beschäftigt, wie gerade Kinder und Jugendliche unter den Einschränkungen leiden. Um besser einschätzen zu können, wie die Problemlage ist und welche Maßnahmen vielleicht gebraucht werden, haben sie Kinderärzte und Jugendpsychologen, Schulleiter und Sozialarbeiter, aber auch Jugendliche eingeladen, die ihre Sicht auf das Thema schilderten.

Die Sachverständigen laden die Fraktionen ein. Es ist also durchaus oft – nicht immer – so, dass sie eine bestimmte politische Haltung stützen. Aber da alle Fraktionen einladen dürfen, sind auch immer unterschiedliche Perspektiven vertreten.

Bei manchen neuen Gesetzen lädt das zuständige Ministerium auch vorab Interessensvertretungen aktiv dazu ein, eigene Vorschläge einzubringen. Dann gibt es in der Regel erst mal einen groben Entwurf, der dann mit dem Input der Verbände, Vereine und sonstigen Organisationen noch mal überarbeitet wird, bevor er in den Bundestag kommt.

Die Lobby-Arbeit ist also eine Möglichkeit, die Politik direkt zu beeinflussen. Ein anderer, indirekterer Weg ist, **Öffentlichkeit** für die eigene Sache zu erzeugen, also möglichst viele Menschen davon zu überzeugen. Damit kann man die Politik unter Druck setzen, denn viele Menschen bedeutet auch immer: viele Wählerinnen und Wähler. Wenn man Politikerinnen und Politikern das Gefühl gibt, sie tun etwas, was vielen Menschen nicht gefällt, werden sie Angst haben, dafür bei der nächsten Wahl abgestraft zu werden.

Öffentlichkeit kann man mit Protestaktionen herstellen, aber auch mit Informationskampagnen. Oder man kann Stellungnahmen veröffentlichen, in denen man sich positioniert und zum Beispiel konkrete Forderungen aufstellt. Dazu muss die Politik sich dann wiederum öffentlich verhalten.

Die Klima-Aktivisten der Letzten Generation tun genau das: Sie haben ganz konkrete Forderungen für den Klimaschutz und versuchen, mit Protestaktionen, bei denen sie sich zum Beispiel auf Straßen festkleben, dafür Öffentlichkeit herzustellen. So wollen sie die Politik dazu bringen, mit ihnen zu reden und letztlich zuzusichern, dass ihre Forderungen erfüllt werden.

Natürlich sind manche Gruppen besser vertreten als andere. Das hat auch mit Geld zu tun. Große Branchen wie die Autoindustrie können viel in ihre Interessen investieren. Andere Bereiche wie die Wissenschaft haben viele sehr fähige Sprecher, die wissen, wie man sich Gehör verschafft. Kinder zum Beispiel haben wenig Macht und wenig öffentliche Vertretung. So finden ihre Interessen auch weniger Gehör und bekommen weniger Gewicht in den Entscheidungsprozessen.

IN DIESEM KAPITEL

Warum ohne Mehrheiten gar nichts geht

Die Rolle von Fraktionen

Vor- und Nachteile von Koalitionen

Das Wagnis Minderheitsregierung

Kapitel 6
Zusammen ist man stärker: Koalitionen

Wer politische Entscheidungen treffen will, braucht dafür immer Mehrheiten – so funktioniert Demokratie. Die Kunst ist dabei, Kompromisse mit anderen auszuhandeln und dabei trotzdem die eigenen Ziele im Blick zu behalten.

Mehrheiten finden, um entscheiden zu können

Nach einer Wahl steht fest, welche Parteien ins Parlament einziehen. Wir spielen das Ganze jetzt einmal für den Bundestag durch. Im Prinzip funktioniert es in den Landtagen aber genauso. (Mehr zu den Unterschieden erfahrt ihr in Kapitel 10 »Regeln für Deutschland, die Bundesländer und die Kommunen«.)

Sobald der neue Bundestag sich nach einer Wahl konstituiert, also offiziell gegründet hat, geht es immer darum, Mehrheiten zu finden. Denn ohne Mehrheit kann kein Gesetz beschlossen und auch keine andere Entscheidung getroffen werden.

Mehrheit ist nicht gleich Mehrheit

Im Bundestag gibt es verschiedene Arten von Mehrheiten:

- ✔ Für die meisten Entscheidungen reicht eine **einfache Mehrheit**. Das heißt, dass mehr Abgeordnete für etwas stimmen als dagegen. Dabei zählen nur die Abgeordneten, die bei der Abstimmung tatsächlich anwesend sind.
- ✔ Für größere Entscheidungen, zum Beispiel für die Wahl der Bundestagspräsidentin oder des Bundestagspräsidenten und für die Wahl des Bundeskanzlers oder der Bundeskanzlerin, ist eine **absolute Mehrheit** nötig. Das bedeutet, dass mehr als die Hälfte aller Abgeordneten insgesamt (nicht nur derjenigen, die bei der Abstimmung da sind) für etwas stimmen muss.
- ✔ Und für richtig große Entscheidungen, etwa für eine Änderung des Grundgesetzes, braucht es sogar eine **Zweidrittelmehrheit**. Dann müssen also zwei Drittel der Abgeordneten dafür sein. (Was am Grundgesetz überhaupt geändert werden darf, steht in Kapitel 3 »Demokratie in Deutschland: Das Grundgesetz legt das Wichtigste fest«.)

Was hilft bei der Bildung von Mehrheiten? Im Prinzip zwei Konzepte:

- ✔ Fraktionen
- ✔ Koalitionen

Die Fraktion

Eine **Fraktion** ist der Zusammenschluss von Abgeordneten, die im Bundestag gemeinsam ihre politischen Ziele durchsetzen wollen. In der Regel gehören diese Abgeordneten der gleichen Partei an. Das muss aber nicht zwingend so sein, das bekannteste Ausnahme-Beispiel ist die CDU/CSU-Fraktion. Zwingend ist dagegen, dass eine Fraktion aus mindestens fünf Prozent der Mitglieder des Bundestages besteht. Die Linksfraktion musste sich 2023 auflösen, weil so viele ihrer Mitglieder austraten, dass diese fünf Prozent nicht mehr gegeben waren. Die Abgeordneten, die sich weiterhin der Linken verpflichtet fühlten, taten sich danach zu einer **Gruppe** zusammen. Gruppen haben weniger Rechte als Fraktionen, sie bekommen auch weniger Geld. Welche Rechte eine Gruppe hat, ob sie etwa Gesetzentwürfe einbringen darf, legt der Bundestag individuell fest.

Abgeordnete, die keiner Fraktion angehören, heißen – logisch: **Fraktionslose.** Sie dürfen zwar im Plenarsaal Reden halten und über Gesetzentwürfe abstimmen wie alle anderen Abgeordneten auch. Durch Fragen an die Bundesregierung und Änderungsanträge zu neuen Gesetzen können sie eigene Themen setzen. Manche Rechte haben sie aber nicht: So dürfen sie in den Ausschüssen nicht mit abstimmen und können auch keine eigenen Gesetzentwürfe einbringen.

Fraktionen sind absolut wichtig, denn sie sorgen dafür, dass der Bundestag verlässlich funktionsfähig ist. Wenn hunderte Abgeordnete sich bei jeder einzelnen Frage neu finden und zu Interessensgruppen zusammenfinden müssten, würde wenig vorangehen.

Um abzusichern, dass wichtige Beschlüsse gefällt werden können, gibt es den Fraktionszwang, der korrekt eigentlich **Fraktionsdisziplin** heißt. Das bedeutet, dass die Fraktionen sich vorab Mühe geben, eine einheitliche Linie zu finden, damit bei der Abstimmung möglichst die ganze Fraktion geschlossen stimmt. Einen wirklichen Zwang gibt es dazu aber nicht, denn Abgeordnete sind laut Grundgesetz nur ihrem eigenen Gewissen verpflichtet. Es kommt auch immer wieder vor, dass einzelne Abgeordnete anders abstimmen als die restliche Fraktion. Auf der Webseite des Bundestages kann man bei namentlichen Abstimmungen übrigens genau nachvollziehen, wer wie gestimmt hat.

Es gibt allerdings auch Abstimmungen, bei denen der Fraktionszwang ganz offiziell aufgehoben wird. Das passiert meistens bei ethischen Grenzfragen, bei denen es unzumutbar wäre, eine Entscheidung mitzutragen, von der man nicht absolut überzeugt ist. Das ist oft bei medizin-ethischen Themen wie Organspende oder Pflichtimpfungen der Fall. Zu diesen Fragen gibt es manchmal sogar fraktionsübergreifende Vorschläge, bei denen Abgeordnete ganz unterschiedlicher Fraktionen sich zusammentun.

Die Koalition

Nach einer Bundestagswahl steht fest, wie stark die einzelnen Fraktionen sind. Die nächste Frage ist, wer miteinander eine **Koalition** bilden könnte. Koalition bedeutet, dass mehrere Fraktionen sich für die Dauer einer Wahlperiode zusammenschließen, um mehrheitsfähig zu sein. Denn dass eine einzige Fraktion so viele Plätze im Bundestag hat, dass sie ganz alleine Entscheidungen durchsetzen kann, das ist seit Gründung der Bundesrepublik Deutschland noch nie passiert. (In einzelnen Bundesländern kam es schon vor, aber auch dort ist es selten.)

Wenn zwei oder mehr Fraktionen sich vorstellen können, miteinander eine Koalition einzugehen, fangen erst mal die **Sondierungsgespräche** an. Die Fraktionen schauen sich genau an, welche Gemeinsamkeiten sie haben, welche Konfliktthemen es gibt, wo man Kompromisse finden könnte und ob sie sich letztlich vorstellen können, zusammenzuarbeiten. Wenn das so ist, beginnen die **Koalitionsverhandlungen**. Hier ist wirklich Kompromissfähigkeit gefragt. Denn es treffen Parteien mit teilweise doch sehr unterschiedlichen politischen Haltungen aufeinander. Jede dieser Gruppen will möglichst viele ihrer Ziele durchsetzen, muss aber logischerweise den anderen auch Zugeständnisse machen.

Am Ende der Koalitionsverhandlung – wenn sie erfolgreich ist – steht ein **Koalitionsvertrag**, in dem ziemlich genau festgehalten ist, welche politischen Ziele die Koalition in der Wahlperiode verfolgen will, welche Gesetzesvorhaben sie also etwa plant, wie die Ministerien zwischen den Parteien aufgeteilt werden sollen und wer Bundeskanzler oder Bundeskanzlerin werden soll. Der Koalitionsvertrag ist also die Grundlage der Arbeit der Koalition für die Dauer der ganzen Wahlperiode, also bis zur nächsten Wahl.

Ein Koalitionsvertrag ist zwar politisch verbindlich. Das heißt, die beteiligten Parteien müssen sich den Wählerinnen und Wählern gegenüber erklären, wenn sie ihn nicht einhalten. Aber rechtlich verbindlich ist er nicht. Es kann niemand gegen die Koalition klagen, wenn der Vertrag nicht oder nicht ganz erfüllt wird.

Welche Arten von Koalitionen gibt es?

- **Große Koalition:** Wenn die beiden stärksten Fraktionen miteinander koalieren, nennt man das eine Große Koalition. Das waren bisher immer die SPD und die CDU/CSU.

- **Kleine Koalition:** Wenn eine starke Fraktion mit einer oder mehreren kleineren koaliert, spricht man von einer Kleinen Koalition. In der Regel ist das die stärkste Fraktion im Parlament. Das muss aber nicht so sein: Eine Kleine Koalition kann sich auch gegen die stärkste Fraktion bilden, wenn sie dann insgesamt mehr Stimmen hat. Die Kleine Koalition war bisher die häufigste Art von Koalition im Bundestag.

- **Minderheitsregierung:** Wenn Fraktionen koalieren, die keine eigene Mehrheit im Parlament haben, heißt das Minderheitsregierung. (Mehr dazu im Abschnitt »Ohne Mehrheit regieren: Die Minderheitenregierung« weiter unten im Kapitel.)

- ✔ **Allparteienkoalition:** Theoretisch könnten auch alle (oder fast alle) Fraktionen im Parlament eine Koalition bilden. Das ist praktisch aber im Bundestag noch nie passiert – und ist auch absolut nicht wünschenswert, weil es dann überhaupt keine Opposition gäbe, die die Koalition kontrollieren könnte. (Mehr dazu in Kapitel 7 »Aus Prinzip dagegen? Die Opposition«.)

Erst wenn eine Koalition steht, kann eine Regierung gebildet werden. Die Abgeordneten des Bundestages wählen im nächsten Schritt einen Bundeskanzler oder eine Bundeskanzlerin, der oder die dann wiederum das Kabinett bildet, also die Ministerinnen und Minister bestimmt. Und dann kann es losgehen mit der politischen Gestaltung der Wahlperiode.

Spiegelt sich die Koalition im Bundestag auf Länderebene?

Die Regierungsparteien versuchen natürlich immer, auf Länderebene die gleichen Koalitionen einzugehen wie auf Bundesebene, um möglichst auch im Bundesrat eine Mehrheit zu haben. Denn andernfalls kann der Bundesrat Gesetzesvorhaben verhindern. (Wie das funktioniert, erfahrt ihr in Kapitel 4, im Abschnitt »Gesetze machen: Bundestag und Bundesrat«.) Dafür müssen aber natürlich die Wahlergebnisse in den einzelnen Bundesländern denen der Bundestagswahl ähneln und das ist bei Weitem nicht immer der Fall. Übrigens sind Länderkoalitionen auch mitunter spannende Experimentierfelder, weil dort eher Konstellationen ausprobiert werden, die es bisher noch nie gab – die aber, wenn sie gut laufen, auch auf Bundesebene interessant werden könnten.

Fluch und Segen von Koalitionen

In einer Koalition regieren naturgemäß immer Parteien zusammen, die in vielen Dingen unterschiedlicher Meinung sind. Deshalb sind es ja unterschiedliche Parteien und nicht ein- und dieselbe.

Das Gute daran ist, dass nicht eine Partei unhinterfragt einfach ihre Interessen durchsetzen kann. Stattdessen müssen immer Kompromisse gefunden werden. So werden strittige Themen öffentlich diskutiert, verschiedene Sichtweisen einbezogen und unterschiedliche Lösungen vorgeschlagen. Im Endeffekt werden bei solchen Entscheidungen die Interessen von mehr unterschiedlichen Gruppen berücksichtigt als bei Entscheidungen einer einzigen Partei.

Die Zusammenarbeit mehrerer Parteien in einer Koalition stellt alle Beteiligten vor Herausforderungen:

- ✔ Für die einzelnen Parteien ist die Herausforderung, die eigenen Interessen so gut wie möglich zu vertreten und trotzdem kompromissfähig zu sein. Natürlich will sich jede Partei auch für die nächste Wahl gut aufstellen und deshalb in der Koalition von den Wählerinnen und Wählern als deutlich erkennbar und als erfolgreich wahrgenommen werden.
- ✔ Für die Koalition ist die Herausforderung, entscheidungsfähig zu sein. Je mehr Parteien an einer Koalition beteiligt sind, desto schwieriger wird es in der Regel, Kompromisse zu finden, mit denen alle zufrieden sind.
- ✔ Für die Demokratie insgesamt ist die Herausforderung, dass die Wählerinnen und Wähler nicht ihr Vertrauen in das System verlieren.

Das Problem ist, dass die Wählerinnen und Wähler zwar Parteien und Abgeordnete in den Bundestag (oder in die Landtage) wählen. Darauf, welche Koalitionen diese bilden, haben sie dann aber keinen Einfluss mehr. Bei den Wählerinnen und Wählern kann dann leicht das Gefühl aufkommen: Das war aber nicht das, was wir wollten. Dieses Gefühl kann durch verschiedene Dinge noch bestärkt werden:

- ✔ In der Regel machen sich die Menschen schon vor der Wahl Gedanken über mögliche Koalitionen. Und oft äußern sich die Parteien auch schon – zumindest vage – dazu, mit wem sie sich eine Koalition vorstellen könnten und mit wem nicht. Wenn es am Ende aber anders kommt, geht Vertrauen in die Aussagen der Parteien vor einer Wahl verloren.
- ✔ Es kommt vor, dass Koalitionen ohne die stärkste Fraktion gebildet werden. In solchen Fällen heißt es dann manchmal, das entspräche nicht dem »Wählerwillen«, da die meisten Wähler eben eine Partei gewählt haben, die nun nicht zum Zug kommt. Der Begriff Wählerwille ist allerdings schwierig, da es den einen Wählerwillen nun mal nicht gibt, sondern die vielen verschiedenen Wähler viele verschiedene Dinge wollen.
- ✔ Wenn die Sondierungsgespräche zäh laufen und es nicht viele mögliche Konstellationen gibt, kann es auch vorkommen, dass ein kleiner Koalitionspartner sehr viel für sich aushandelt, zum Beispiel mehr Ministerposten als ihm aufgrund seines Wahlergebnisses eigentlich zustehen würden, einfach weil dieser kleine Partner für das Gelingen der Koalition sehr wichtig ist. Auch das kann als Missachtung des Wählerwillens interpretiert werden.

Sich auf eine Koalition zu einigen, mit allen Kompromissen, die dazu gehören, ist immer eine große, komplexe und schwierige Aufgabe. Oft können die Parteien ihre eigene Wunschkoalition einfach aufgrund der Stimmverteilung gar nicht umsetzen. Dann muss ein Plan B her. Und darüber gibt es meistens nicht nur in der Öffentlichkeit, sondern auch innerhalb der Parteien sehr geteilte Meinungen.

Große Koalition: Das war eigentlich nicht der Plan...

Eine Große Koalition widerspricht eigentlich der Idee des parlamentarischen Systems. Denn eine Große Koalition bedeutet immer eine sehr schwache Opposition. Deshalb sollte es sie eigentlich nur in Krisenzeiten geben, wenn es dringend erforderlich ist, dass klare Entscheidungen getroffen werden können.

In Deutschland entstand 2005 die erste Große Koalition seit den 1960er-Jahren: zwischen SPD und CDU/CSU. Das war eigentlich nicht der Plan gewesen. Die Union hätte viel lieber mit der FDP regiert und die SPD mit den Grünen. Aber für keine dieser Varianten gab es eine absolute Mehrheit. Es wurden verschiedene Drei-Parteien-Konstellationen durchgespielt. Aber die FDP wollte nicht mit SPD und Grünen regieren und die Grünen nicht mit Union und FDP. Mit der Linken wollte niemand eine Koalition eingehen. Am Ende blieb nur die Große Koalition als Option, auch wenn es einige gute Argumente dagegen gab. Eine ähnliche Situation entstand 2017 noch einmal. Nun saß zusätzlich die AfD im Bundestag, die alle anderen Fraktionen – ebenso wie Die Linke – als Koalitionspartner grundsätzlich ablehnten. Die einzige andere Möglichkeit wäre eine Koalition aus Union, FDP und Grünen gewesen. Da die FDP das ablehnte, kam es wieder zu einer Großen Koalition.

Gerade für Parteien, die in ihrer Geschichte schon mit sehr unterschiedlichen Partnern Koalitionen eingegangen sind, ist es schwer, nicht als wankelmütig dazustehen oder den Eindruck zu erwecken, sie wolle um jeden Preis an die Macht kommen. Neue Koalitionskonstellationen können aber durchaus etwas sehr Positives sein, eine Chance. Sie können neue Mehrheiten und unter Umständen sogar neue politische Ansätze ermöglichen, die vorher vielleicht nicht denkbar schienen.

Die FDP galt lange als klassischer Koalitionspartner für die Union, weil beide eine ähnliche Vorstellung davon haben, wie Wirtschaftspolitik gemacht werden sollte. 2021 kam es auf Bundesebene erstmals zu einer Koalition zwischen FDP, SPD und Grünen. Die drei Parteien konzentrierten sich auf Gemeinsamkeiten und definierten neue Schwerpunkte für die Zukunft des Landes – auch wenn die Koalition letztlich scheiterte.

Ohne Mehrheit regieren: Die Minderheitsregierung

Eine gewagte Form der Koalition ist die Minderheitsregierung. So ein Bündnis hat keine eigene Mehrheit im Parlament (also weniger als 50 Prozent der Sitze) und ist somit auf die Stimmen anderer Fraktionen außerhalb der Koalition angewiesen, um Entscheidungen treffen zu können.

Damit das Regieren in so einer Koalition nicht ein einziges Risikospiel wird, werden meistens vorab Vereinbarungen mit den Fraktionen getroffen, die sich vorstellen können, die Regierungskoalition in vielen Fragen zu unterstützen. Das nennt man dann Duldung oder Tolerierung. Die Fraktionen, die die Koalition dulden, sind dadurch natürlich in einer ungewöhnlichen Rolle zwischen Regierung und Opposition. Aber andererseits sind sie für die Koalition so wichtig, dass sie auch mal Forderungen stellen können. Sie haben auf jeden Fall mehr Gestaltungsmöglichkeiten als eine reine Oppositionsfraktion.

International ist das Phänomen Minderheitsregierung übrigens gar nicht so selten: Etwa ein Drittel der parlamentarischen Demokratien weltweit sind Minderheitsregierungen. In Skandinavien und Kanada zum Beispiel sind sie sehr üblich.

Im Deutschen Bundestag gab es allerdings erst dreimal und jeweils nur für kurze Zeit eine Minderheitsregierung: 1966, 1972 und 1982. In diesen Fällen war die Regierung aber nicht von Anfang an bewusst als Minderheitsregierung angetreten, sondern die bestehenden Koalitionen waren gescheitert, sodass es eine kurze Zwischenzeit gab, in der die Regierung keine Mehrheit mehr hatte.

Einige Bundesländer haben aber durchaus Erfahrungen mit gewollten Minderheitsregierungen.

In Thüringen zum Beispiel kam es 2020 zu einer Minderheitsregierung der Linken, der SPD und der Grünen. Bei der Wahl hatten Die Linke und die AfD die meisten Stimmen bekommen. Mit der AfD wollte keine Fraktion koalieren. Die CDU und die FDP schlossen auch eine Zusammenarbeit mit der Linken aus. So konnte keine Koalition zustande kommen, die eine Mehrheit gehabt hätte. Um ein bisschen Stabilität zu sichern, schlossen die Koalitionsfraktionen aber einen »Stabilitätspakt« mit der CDU, die versprach, bei manchen Themen mit der Minderheitsregierung aus Linken, SPD und Grünen zusammenzuarbeiten.

Minderheitsregierungen haben Vor- und Nachteile. Einerseits können in Minderheitsregierungen mehr Parteien mitbestimmen und die Regierung muss mehr für ihre Ziele kämpfen, was lebendige und ergebnisoffene Diskussionen bedeutet. Das kann gut für die Demokratie sein. Andererseits ist die Regierung ohne Mehrheit weniger handlungsfähig und kann wahrscheinlich viele ihrer Ziele nicht durchsetzen. Das kann bei den Menschen zu Unzufriedenheit führen und eventuell radikale Parteien stärken. Das ist nicht gut für die Demokratie.

Es ist wahrscheinlich, dass es in Zukunft öfter Minderheitsregierungen in Deutschland geben wird. Denn wenn radikale Parteien in die Parlamente einziehen, mit denen niemand zusammenarbeiten will, die aber viele Wahlstimmen bekommen, gibt es natürlich weniger Möglichkeiten für eine absolute Mehrheit.

IN DIESEM KAPITEL

Die Rolle der Opposition in der Demokratie

Wie die Opposition die Regierung kontrolliert

Kapitel 7

Aus Prinzip dagegen? Die Opposition

In einer Gesellschaft sind nie alle der gleichen Meinung. Und in einem Parlament zum Glück auch nicht. Denn das wäre nicht nur langweilig, sondern auch gefährlich für die Demokratie. Jemand muss kritisch auf die Regierung schauen und Alternativen aufzeigen.

Oberstes Ziel: Die Regierung kontrollieren

Opposition bedeutet im Wesentlichen: dagegen sein. In der Politik sind damit diejenigen gemeint, die der Regierung gegenüberstehen und sie kritisieren. Es gibt zum einen die außerparlamentarische Opposition. Das sind alle, die außerhalb des Parlaments Kritik an der Regierung üben und versuchen, ihren Entscheidungen etwas entgegenzusetzen. Zum Beispiel durch Proteste, Unterschriftensammlungen oder andere Aktionen in der Öffentlichkeit. Zum anderen gibt es die parlamentarische Opposition. Das ist der Überbegriff für alle Fraktionen, die nicht der Regierungskoalition angehören.

Das Wort Opposition kommt vom Lateinischen »opponere«. Das bedeutet »sich entgegenstellen« oder »dagegensetzen«. Die Opposition im Bundestag ist also das, was der Regierung entgegensteht.

Zur Opposition im Parlament können also sehr unterschiedliche politische Richtungen gehören. Was sie eint, ist, dass sie die Regierung kritisieren – natürlich aus ihrer jeweiligen Perspektive heraus und mit entsprechend unterschiedlichen Argumenten.

Die Opposition ist aus drei Gründen wichtig:

- ✔ Weil Demokratie eben nicht nur bedeutet, den Willen der Mehrheit durchzusetzen. Auch politische **Minderheiten** müssen Gehör finden und vertreten werden.
- ✔ Weil die Opposition eigene Argumente und Ideen vorbringt. So bietet sie den Wählerinnen und Wählern eine **Alternative** zu der Politik der Regierung.
- ✔ Weil es eine der wichtigsten Aufgaben des Bundestages ist, die Regierung zu **kontrollieren**. Das macht die Opposition besonders engagiert, weil sie im Gegensatz zu den Regierungsparteien natürlich automatisch eine kritische Distanz zu ihr hat.

Wie aber funktioniert das: die Regierung kontrollieren? Die Opposition hat dafür verschiedene Instrumente zur Auswahl:

- ✔ **Regierungsbefragungen:** In jeder Sitzungswoche im Bundestag kommen Mitglieder der Regierung – Ministerinnen und Minister, manchmal auch der Bundeskanzler oder die Bundeskanzlerin selbst – in den Plenarsaal, um sich den Fragen der Abgeordneten zu stellen. Alle Fraktionen kommen an die Reihe und können die Regierung alles fragen. Sie muss antworten.
- ✔ **Große und Kleine Anfragen:** Noch ausführlicher und schriftlich fragen kann die Opposition in den sogenannten Anfragen. Die Anfragen muss die Regierung schriftlich beantworten und dabei auch alles offenlegen, was verlangt wird: Zahlen aus Untersuchungen, Gespräche zwischen Ministerien und Wirtschaftsunternehmen oder anderen Regierungen oder was auch immer. Die Großen Anfragen werden meist zusätzlich im Plenarsaal öffentlich besprochen.
- ✔ **Sondersitzungen:** Sondersitzungen zu bestimmten aktuell brisanten Themen können im Bundestag einberufen werden, wenn mindestens ein Drittel aller Abgeordneten das fordert. Das ist eine gute Möglichkeit für die Opposition, eigene Themen auf den Tisch zu bringen.
- ✔ **Untersuchungsausschüsse:** Wenn die Opposition glaubt, dass die Bundesregierung oder eine ihr zugehörige Behörde einen großen Fehler gemacht hat, kann sie einen Untersuchungsausschuss einsetzen. Der geht der Sache dann nach und deckt mögliche Missstände auf. Einem Untersuchungsausschuss muss nur ein Viertel der Abgeordneten zustimmen.
- ✔ **Normenkontroll-Verfahren:** Hält die Opposition ein Gesetz, das der Bundestag beschlossen hat, für verfassungswidrig, kann sie verlangen (ebenfalls mit einem Viertel der Stimmen im Bundestag), dass das Bundesverfassungsgericht es prüft.

Wie viel Macht hat die Opposition wirklich?

Natürlich hat die Opposition weniger Macht als die Regierungskoalition. Sie kann zwar eigene Anträge und Gesetzentwürfe einbringen. In aller Regel werden die aber keine Mehrheit finden. Die Opposition kann also weniger gestalten, weniger Entscheidungen herbeiführen.

Im Bundestag kann die Opposition sich aber sehr wohl einbringen. Vor allem in den Ausschüssen, in denen Fachpolitiker und -politikerinnen aller Fraktionen zusammenarbeiten und Gesetzentwürfe nachbessern, können sie Ideen einbringen, die dann in die Bearbeitung einfließen. Übrigens bekommt die stärkste Oppositionsfraktion traditionell den Vorsitz des besonders wichtigen Haushaltsausschusses, der über die öffentlichen Ausgaben entscheidet. Ein Zeichen dafür, dass die Opposition mitreden und gehört werden soll.

Und natürlich kann die Opposition der Regierung auch ungemütlich werden. Sie kann, zum Beispiel durch Anfragen oder Untersuchungsausschüsse, Dinge aufdecken, die die Regierung lieber verschwiegen hätte. Sie kann die Regierung sehr öffentlichkeitswirksam kritisieren, in den Debatten im Bundestag, aber auch auf eigenen Parteiveranstaltungen oder über die Presse.

Das richtige Maß an Kritik und Zusammenarbeit muss jede Oppositionsfraktion für sich finden. Man kann grob zwischen kompetitiver und kooperativer Opposition unterscheiden, also zwischen denen, die vor allem versuchen, sich als die bessere Alternative darzustellen, und denen, die sich eher darauf konzentrieren, ihre Vorstellungen in aktuelle Gesetzesvorhaben einzubringen.

Indem sie in wichtigen Fragen mit der Regierung zusammenarbeitet, kann die Opposition auch den Wählerinnen und Wählern zeigen, dass sie ernsthaft daran interessiert ist, zu Lösungen beizutragen. So unterstützte die Union 2022 die Regierungskoalition in ihrem Vorhaben, der Ukraine Waffen zu liefern, damit sie sich gegen Russland verteidigen kann.

Ziel der Opposition sollte es eigentlich immer sein, selbst in die Regierungsverantwortung zu kommen. Wenn eine Partei in der Opposition gute Arbeit leistet, hofft sie darauf, dass viele Menschen sie bei der nächsten Wahl wählen.

IN DIESEM KAPITEL

Warum politische Debatten wichtig sind

Warum politische Debatten schwierig sind

Regeln für politische Debatten

Kapitel 8
Wir müssen reden: Debattenkultur

Auf dem Weg zu einer politischen Entscheidung ist die Debatte, der Austausch von Argumenten, ein extrem wichtiger Schritt. Aber dieser Austausch braucht ein paar Regeln, damit er fair bleibt und zu etwas führt.

Jeder darf seine Meinung sagen – aber zivilisiert

Streit ist ein Kernbestandteil der Demokratie. Denn in einer Demokratie gibt es zwangsläufig immer unterschiedliche Meinungen. Eines der wichtigsten Grundrechte in unserer Verfassung ist die **Meinungsfreiheit**. Jede Meinung darf also prinzipiell erst mal geäußert werden. Auch Protest darf ausdrücklich laut und deutlich zur Sprache gebracht werden, zum Beispiel auf Demonstrationen. Wenn es verschiedene Meinungen gibt, muss man sich gegenseitig zuhören und versuchen, einander zu verstehen, damit man zu einer mehrheitsfähigen Entscheidung finden kann.

Politischer Streit ist normal. Politischer Streit ist gut. Aber politischer Streit sollte sachlich geführt werden. Wer politisch debattiert, darf seine Meinung vertreten und andere hart kritisieren. Aber er sollte bei der Sache bleiben und niemanden persönlich angreifen, beleidigen oder gar bedrohen. Denn die Grundlage so einer Debatte sollte gegenseitiger Respekt sein. Nur auf dieser Grundlage kann man gemeinsam Kompromisse eingehen.

Dass die Debatte politischer Fragen öffentlich stattfindet, ist besonders wichtig für die Demokratie. Die Abgeordneten des Deutschen Bundestages debattieren jeden Gesetzentwurf öffentlich im Plenarsaal. Jeder darf auf der Besuchertribüne dabei sein und sich das live anhören. Jeder kann sich das im Livestream auf der Internetseite des Bundestages anschauen. Was dort passiert, ist Rede und Gegenrede: Die Abgeordneten breiten ihre Sicht auf das Thema aus, ihre Vorschläge, ihre Argumente. Und sie reagieren aufeinander, widersprechen sich, ergänzen sich, knüpfen aneinander an. Die Menschen sollen sich das anhören und die verschiedenen Positionen nachvollziehen können. Sie sollen sehen: Es gab diese und jene Meinungen, und daraus ist schließlich diese Entscheidung hervorgegangen. Sie müssen mit der Entscheidung nicht alle einverstanden sein. Aber sie sollen sie verstehen und nachvollziehen können.

Das Gegenteil davon ist Diktatur: Es wird nicht diskutiert, sondern derjenige, der die Macht hat, trifft alleine eine Entscheidung, an der er niemanden teilhaben lässt und die er auch nicht erklärt.

Das Wort **Debattenkultur** bedeutet, dass eine Gesellschaft sich darauf einigt, dass sie genau das will: dass sie die Debatte will. Dass sie immer wieder und bei jedem Thema aufs Neue den sachlichen Austausch verschiedener Meinungen ermöglichen will.

Debatten können allerdings anstrengend sein. Es ist anstrengend, viele verschiedene Argumente zu hören und sich dazu eine eigene Meinung zu bilden. Noch anstrengender ist es, wenn man versucht, jedes Argument offen und unvoreingenommen zu hören und ihm eine Chance zu geben, es nicht sofort in eine Schublade zu stecken.

Es gibt Menschen, die von dieser Anstrengung überfordert sind, und sich deshalb tatsächlich wünschen, dass jemand klare Entscheidungen trifft, ohne Rücksicht darauf zu nehmen, wie sie anderen gefallen. Weil das aber wegführen würde von der Demokratie, ist es wichtig, dass wir uns ständig und dauerhaft bemühen, Konflikt und Widerspruch auszuhalten, zu unserer Meinung zu stehen, aber sie auch kritisch zu hinterfragen, anderen zuzuhören und ihre Perspektive zu verstehen.

Meinungsfreiheit hat Grenzen

In Deutschland darf jeder seine Meinung sagen. In der Kneipe, im Bus, auf T-Shirts und Plakaten, in den sozialen Medien und auf Demonstrationen. Das Grundrecht, die eigene Meinung frei zu äußern, ist zum einen wichtig für die persönliche

Freiheit und Entfaltung jedes einzelnen Menschen. Zum anderen ist es aber auch wichtig für die Demokratie. Denn es ermöglicht erst eine offene Debatte. Die Meinungsfreiheit ist also mit gutem Grund im Grundgesetz verankert. (Mehr darüber erfahrt ihr in Kapitel 3 »Demokratie in Deutschland: Das Grundgesetz legt das Wichtigste fest«.)

Aber auch Grundrechte haben Grenzen. Denn ein Grundrecht auszuleben, wird immer dann schwierig, wenn man dabei die Grundrechte anderer Menschen verletzt.

Wenn jemand öffentlich dazu aufruft, einen Politiker körperlich anzugreifen, dann wird dadurch dessen Grundrecht auf körperliche Unversehrtheit gefährdet.

Strafbar sind zum Beispiel Meinungsäußerungen, die

- ✔ zu Gewalt, Bedrohung oder Hetze aufrufen
- ✔ jemanden persönlich so derb beleidigen, dass seine persönliche Ehre oder Menschenwürde verletzt wird
- ✔ jemanden verleumden, also bewusst Unwahrheiten über eine Person verbreiten, um diese Person bei anderen schlecht zu machen
- ✔ durch das Urheberrecht geschützte Inhalte als eigene ausgeben

Auch die Gesellschaft als Ganzes darf durch Meinungsäußerungen nicht gefährdet werden. Deshalb sind auch Aussagen verboten, die

- ✔ Informationen weitergeben, die zur Sicherheit des Landes geheim bleiben müssen
- ✔ den Nationalsozialismus verherrlichen oder historisch belegte Tatsachen wie etwa den Holocaust leugnen
- ✔ die Demokratie, die Grundordnung des Staates gefährden

Manche dieser Vorwürfe sind leichter nachzuweisen als andere. Besonders die Frage, welche Meinungsäußerungen die freiheitlich-demokratische Grundordnung gefährden, ist mitunter schwer zu beantworten – und politisch heikel. Denn die Meinungsfreiheit soll es ausdrücklich auch erlauben, die Verfassung zu kritisieren und Änderungen in der Grundordnung zu fordern. Wer gegen die Demokratie ist, darf das sagen. Wann hat nun aber eine demokratiefeindliche Aussage die Kraft, die Demokratie auch tatsächlich ganz real zu bedrohen? Darüber sind sich auch Gerichte oft nicht einig. (Ein gutes Beispiel dafür ist das Thema

Parteiverbot, über das ihr in Kapitel 5, im Abschnitt »Die Parteien und wofür sie stehen«, mehr lesen könnt.)

»Man darf in Deutschland nichts mehr sagen.« Das ist ein Satz, den man leider immer öfter hört, zum Beispiel wenn Menschen sich über die sogenannte Cancel-Culture beschweren. Der Satz ist aber schlicht falsch. Man darf alles sagen. Wenn das, was man sagt, strafbar ist, muss man damit rechnen, bestraft zu werden. Wenn das, was man sagt, anderen nicht gefällt, muss man damit rechnen, dafür kritisiert zu werden.

Was bedeutet Cancel-Culture?

Cancel-Culture ist ein aufgeladener Begriff. Er ist quasi eine Beschwerde darüber, dass Menschen mit extremen, für einen bestimmten Teil der Gesellschaft nicht tragbaren Meinungen sozial ausgeschlossen werden. Wenn also jemand, der zum Beispiel für rassistische, frauenfeindliche oder homophobe Aussagen bekannt ist und deshalb zu öffentlichen Veranstaltungen nicht als Vortragender eingeladen wird, sagen manche, die Gesellschaft wolle abweichende Meinungen unterdrücken.

Man kann im Einzelfall bestimmt darüber streiten, ob mehr unterschiedliche Meinungen der einen oder anderen Veranstaltungen nicht gut täten. Andererseits kann jeder Veranstalter frei entscheiden, wen er einlädt. Und wenn er zum Beispiel befürchtet, ein Vortragender könnte andere Gäste beleidigen, ist es völlig legitim, das nicht zu wollen.

Mit Zensur, wie oft behauptet wird, hat das auf jeden Fall nichts zu tun. Denn Zensur bedeutet, dass systematisch verhindert wird, dass »unliebsame« Informationen zur freien Verfügung stehen. Und das ist nicht der Fall, wenn jemand nicht für einen Vortrag angefragt wird.

Debatten im Parlament

»Das Parlament ist der Ort, an dem wir streiten dürfen, an dem wir streiten sollen.« Das hat der ehemalige Bundestagspräsident Wolfgang Schäuble einmal gesagt. Er hat dann allerdings noch ergänzt: *»Aber fair und nach Regeln, leidenschaftlich, aber auch mit der Gelassenheit, die einer erregten Öffentlichkeit Beispiel geben kann.«*

Über jedes Thema, das im Bundestag auf der Tagesordnung steht, debattieren die Abgeordneten öffentlich. Sie tragen also ausführlich ihre Pro- und Kontra-Argumente vor. Durch diese Debatten soll sich die Öffentlichkeit, sollen sich aber auch die Abgeordneten selbst, die dann darüber abstimmen müssen, ein ausgewogenes Bild machen.

Regeln für Debatten im Bundestag

Die Debatten im Bundestag sollen also durchaus lebhaft und kontrovers sein. Deshalb sind zum Beispiel Zwischenfragen und auch Zwischenrufe während einer Rede ausdrücklich erlaubt. Aber bei mehreren hundert Abgeordneten im Saal muss es natürlich auch Regeln geben, damit das Ganze nicht im Chaos endet.

Genau festgelegt ist bei Debatten das Folgende:

- ✔ **Dauer der Debatte:** Ob über ein Thema eine halbe Stunde, eine Stunde oder noch länger debattiert wird, entscheidet der Ältestenrat des Bundestages.
- ✔ **Redezeit:** Welche Fraktion wie lange reden darf, wird ausgerechnet: Wer mehr Plätze im Bundestag hat, darf länger reden. Die Rednerinnen und Redner bestimmen jeweils die Fraktionen. (Übrigens sind nicht nur die Zeiten für eine Rede, sondern auch die für Zwischenfragen und Antworten streng begrenzt.)
- ✔ **Reihenfolge:** In welcher Reihenfolge die Abgeordneten ihre Reden halten, legt die Bundestagspräsidentin oder der Präsident fest. Dabei sollen möglichst immer unterschiedliche Meinungen aufeinander folgen. Nach einer Rede der Regierungskoalition kommt also eine der Opposition und umgekehrt.

Dafür, dass diese Regeln auch eingehalten werden, sorgt das **Bundestagspräsidium**. Seine Mitglieder sitzen bei jeder Debatte etwas erhöht gegenüber den Abgeordneten im Saal. Ohne ihre Erlaubnis darf niemand sprechen. Während der Reden haben sie den ganzen Saal im Blick und passen auf, dass alles nach Vorschrift läuft.

Bundestagspräsidium und Ältestenrat

Das Bundestagspräsidium besteht aus dem Bundestagspräsidenten und mehreren Stellvertretern. In der Regel stellt jede Fraktion einen Stellvertreter. (Wobei die Abgeordneten zu Beginn einer neuen Wahlperiode alle Mitglieder des Präsidiums mehrheitlich bestätigen müssen. Da keiner der vorgeschlagenen AfD-Kandidaten bisher eine Mehrheit bekam, gab es noch nie einen AfD-Vertreter im Präsidium.)

Der Ältestenrat ist eine etwas größere Gruppe. Er besteht aus dem Bundestagspräsidenten und weiteren Mitgliedern, die von den Fraktionen nach ihrer Größe benannt werden (und die nicht durch die Abgeordneten bestätigt werden müssen). Die Mitglieder des Ältestenrates sind nicht unbedingt die ältesten Abgeordneten, aber oft besonders erfahrene. Der Ältestenrat unterstützt das Präsidium.

Wie Regeln durchgesetzt werden

Was passiert nun, wenn sich jemand nicht an die Regeln hält? Da gibt es verschiedene Stufen von Maßnahmen:

1. Erst mal ruft der Präsident einen Redner zur Ordnung, wenn er gegen die Regeln verstößt, wenn er zum Beispiel zu lange spricht.

2. Nach drei **Ordnungsrufen** wird dem Redner das Wort entzogen, er darf in dieser Debatte nicht mehr reden.

3. Wenn ein Redner die Ordnung oder die Würde des Bundestages ernsthafter verletzt, wenn er zum Beispiel einen anderen Abgeordneten persönlich grob beleidigt, dann kann der Präsident ein **Ordnungsgeld** verhängen. Der Redner muss dann eine Geldstrafe bezahlen. Im Wiederholungsfall erhöht sich die Strafe.

4. Wenn ein Redner die Ordnung oder die Würde des Bundestages grob verletzt, dann kann er auch aus dem Saal geworfen werden. Das Präsidium legt fest, wie viele Tage er von den Sitzungen ausgeschlossen wird. Bis zu 30 Sitzungstage können das sein. **Sitzungsausschlüsse** sind aber sehr selten.

Man hört oft den Begriff »Rüge« im Zusammenhang mit Bundestagsdebatten. Tatsächlich ist die Rüge keine offizielle Maßnahme des Präsidiums. Sie taucht in der Geschäftsordnung des Bundestages nicht auf. Trotzdem hat es sich etabliert, dass das Präsidium auch »Rügen« verteilt. Das sind dann im Prinzip Ermahnungen, die aber keine Konsequenzen nach sich ziehen.

Einen Rüffel vom Präsidium gab es zum Beispiel einmal, als ein AfD-Politiker die jüngste Abgeordnete im Bundestag als »Küken« bezeichnete. Das empfand die Präsidentin als respektlos. Genauso bekam aber ein Abgeordneter Ärger, der »Ey, Alter« zu einem AfD-Abgeordneten sagte.

Übrigens gelten auch für Zuschauer im Plenarsaal strenge Regeln. Folgendes ist dem Publikum auf den Besuchertribünen verboten:

- ✔ politische Aussagen oder Symbole auf Kleidung, Transparenten und so weiter
- ✔ jede Art von Meinungsäußerung, egal ob Buhrufe oder Beifall
- ✔ Aufzeichnungen der Sitzung
- ✔ Essen und Trinken
- ✔ Störgeräusche jeder Art

Auch Zuschauer können vom Präsidium aus dem Saal geworfen werden, wenn sie sich nicht daran halten. Die Tribüne kann sogar komplett geräumt werden, wenn dort eine Unruhe entsteht, die die Debatte stört.

Ist der Umgangston im Bundestag rauer geworden?

Wenn man das an den Ordnungsrufen messen will, kann man klar sagen: Ja. In der 19. Wahlperiode (2017 bis 2021) gab es 47 Ordnungsrufe – und die 20. Wahlperiode übertrifft diese Zahl noch einmal. In den Jahren vor 2017 gab es immer nur eine Handvoll. Diese Entwicklung lässt sich eindeutig auf die AfD zurückführen, die in den letzten Jahren mit großem Abstand die meisten Ordnungsrufe kassiert hat.

IN DIESEM KAPITEL

Pressefreiheit und ihre Grenzen

Die Aufgabe der Medien

Die Macht der Medien

Der Gamechanger Social Media

Kapitel 9
Welche Rolle Medien und Öffentlichkeit spielen

Die Medien informieren die Menschen über das politische Geschehen im Land. Sie erklären Hintergründe, zeigen verschiedene Positionen auf, decken auch Missstände auf. Deshalb sind sie ein wichtiger Teil der Demokratie. Aber ihre Rolle hat sich in den letzten Jahren stark geändert. Und es gibt zunehmend Kritik und Misstrauen gegenüber Journalistinnen und Journalisten.

Warum Medienvielfalt wichtig ist für die Demokratie

Wie groß und wichtig die Rolle ist, die den Medien in der Demokratie in Deutschland zugeschrieben wird, erkennt man schon daran, dass **Meinungsfreiheit**, **Informationsfreiheit** und **Pressefreiheit** im Grundgesetz stehen – und zwar ziemlich weit vorne. (Mehr zum Grundgesetz lest ihr in Kapitel 3 »Demokratie in Deutschland: Das Grundgesetz legt das Wichtigste fest«.)

Pressefreiheit bedeutet, dass die Medien selbst entscheiden, worüber sie berichten und wie, und dass Journalistinnen und Journalisten ihre Arbeit ungehindert ausüben können. Das heißt unter anderem, dass es keine Zensur geben darf, also keine Kontrolle und kein Verbot von journalistischen Inhalten durch den Staat. Es heißt auch, dass staatliche Stellen den Medien Auskunft geben müssen, wenn sie Fragen haben (oder schlüssig begründen, warum sie bestimmte Informationen nicht öffentlich machen können).

Natürlich hat die Pressefreiheit auch Grenzen. Journalistinnen und Journalisten dürfen nicht wissentlich Unwahrheiten verbreiten. Und sie dürfen nicht gegen das Strafgesetzbuch verstoßen, also zum Beispiel niemandem böse Dinge nachsagen, ohne sie beweisen zu können, keine Religionsgesellschaften beschimpfen, die Menschen nicht zu Straftaten aufhetzen. Bei ihrer Recherche dürfen sie die Privatsphäre von Menschen nicht verletzen, indem sie sie zum Beispiel in privaten Räumen heimlich beobachten oder sich in ihre Computer hacken.

Aber auch jenseits von Straftaten gibt es festgelegte Richtlinien für Journalisten. Sie sind im **Pressekodex** festgehalten. Darin steht zum Beispiel, dass Journalisten Opfer schützen und Täter vor Beweis ihrer Schuld nicht namentlich nennen dürfen. Nicht der Staat kontrolliert, ob diese Regeln eingehalten werden – denn das wäre Zensur –, sondern der Deutsche Presserat. Die meisten deutschen Medienhäuser haben sich freiwillig verpflichtet, den Pressekodex zu achten.

Warum erschien es den Machern des Grundgesetzes so wichtig, die freie Arbeit von Journalisten in so besonderem Maß zu schützen? Weil die Medien in unserer Gesellschaft so viele wichtige Aufgaben übernehmen:

- ✔ Sie informieren über politische Ereignisse, objektiv und unvoreingenommen. So haben erst mal alle Menschen die Chance auf einen ähnlichen **Wissensstand**.
- ✔ Sie erklären Hintergründe und Zusammenhänge und tragen so zu mehr **Verständnis für politische Prozesse** bei.
- ✔ Sie geben die verschiedenen Meinungen zu einem Thema wieder. Auf dieser Grundlage können die Menschen sich dann selbst eine **Meinung bilden**.
- ✔ Sie geben auch Menschen und Gruppen eine Stimme, die keine starke Vertretung, keine Lobby haben. So können sie **Sprachrohr für Minderheiten** sein.
- ✔ Sie beobachten Politiker und Politikerinnen kritisch und haben dadurch eine gewisse **Kontrollfunktion**. Deshalb werden die Medien manchmal als »vierte Gewalt« bezeichnet (siehe Kapitel 4 »Wer was bestimmt: Die drei Gewalten«). Sie kontrollieren die Staatsorgane insofern als sie ihnen das Gefühl geben, mögliche Missstände aufzudecken und sichtbar zu machen.

Dass es verschiedene freie Medien gibt, die auch mit unterschiedlichen Haltungen und Schwerpunkten über das Weltgeschehen berichten, spiegelt die Vielfalt der Gesellschaft. Es ist aber vor allem wichtig, weil die Menschen so die Möglichkeit haben, sich verschiedene Informationen zu holen und sie zu bewerten und sich dann ein eigenes Bild zu machen.

Warum gibt es den öffentlich-rechtlichen Rundfunk?

Das gibt es nicht in vielen Ländern: ARD (das ist der Verbund verschiedener Landesrundfunkanstalten) und ZDF sind staatlich finanziert und ihre Arbeit wird von unabhängigen Aufsichtsräten überprüft. Die Idee dahinter ist, dass diese Medien nicht von Einschaltquoten und Werbeeinnahmen abhängig sind. Sie sollen über wichtige Themen berichten und zwar sachlich und ausgewogen. Der öffentlich-rechtliche Rundfunk ist dazu verpflichtet, eine Vielfalt von Meinungen wiederzugeben und sich nicht nur an bestimmte Gruppen von Zuschauern oder Zuhörern zu richten, sondern an alle.

Finanziert wird der öffentlich-rechtliche Rundfunk von Rundfunkgebühren, die im Prinzip jeder bezahlen muss, der auch Steuern zahlt. Kritik an dem Modell gibt es immer wieder von verschiedenen Seiten. Manche sagen, das Programm sei nicht politisch genug, andere finden, es spreche zu wenig junge Menschen an. Manche kritisieren, der öffentlich-rechtliche Rundfunk habe einen ungerechten Vorteil gegenüber anderen Medien. Die Diskussion um den Sinn, den Aufbau und die Inhalte des öffentlich-rechtlichen Rundfunks wird bestimmt weitergehen.

In der Flut von Informationen, die uns ständig und überall zur Verfügung stehen, bieten diejenigen Medien einen guten Halt, die sorgfältig und nach dem Pressekodex arbeiten, die zum Beispiel immer mehrere Quellen heranziehen und bei denen eine redaktionelle Prüfung aller Fakten stattfindet. Dann stehen die Chancen einigermaßen gut, dass die Informationen darin wahr sind. Medien dürfen keine Falschinformationen verbreiten. Deshalb gehört eine sorgfältige Recherche zu den wichtigsten journalistischen Grundsätzen. Das bedeutet, dass Journalistinnen und Journalisten immer versuchen, vertrauenswürdige Quellen zu finden, immer auf mehrere verschiedene Quellen zurückgreifen und die Informationen auch in der Regel noch mal von der Redaktion überprüft werden.

Wichtig ist zu erkennen, was der Unterschied zwischen unabhängigem Journalismus und anderen Formen der Öffentlichkeit ist. In den Formaten kann sich das stark ähneln. Parteien veröffentlichen Statements, Aktivisten Videos von ihren Protestaktionen, Verbände Interviews mit ihren Vorständen und so weiter. Man muss sich klar machen, dass sie damit jeweils eine eigene Agenda verfolgen. Unabhängige Medien sollten in erster Linie das Ziel haben, das politische Geschehen kritisch zu beobachten.

Vom wachsenden Misstrauen gegenüber den Medien

Der Verschwörungsmythos, dass die Medien bewusst Lügen verbreiten würden, um das Volk zu täuschen, und dass sie dabei im Auftrag des Staates oder anderer Mächte handelten, ist alt. Er tauchte erstmals um das Jahr 1800 auf. In den letzten Jahren ist er allerdings ordentlich neu befeuert worden.

Seit Anfang der 2000er-Jahre hört man verstärkt den Begriff »Lügenpresse« (Varianten davon sind »System-Medien« oder »Staatsfunk«). 2014 wurde er sogar zum Unwort des Jahres gewählt, nachdem Bewegungen wie Pegida und auch die AfD ihn regelrecht zum Kampfbegriff erhoben hatten.

Die Erzählung von der »Lügenpresse« ist falsch und gefährlich. Erstens gibt es nicht »die Presse« oder »die Medien«, sondern viele verschiedene Medien mit sehr unterschiedlichen Haltungen. Und zweitens gibt es keine staatliche oder sonstige zentrale Kontrolle darüber, worüber die Medien berichten und wie. Wer versucht, diesen Eindruck zu erwecken, will damit die Grenzen von wahr und unwahr verschieben und Verwirrung stiften, um seine eigenen Ziele durchzusetzen.

Was man aber ernst nehmen muss: dass es Menschen gibt – und zwar nicht nur Extremisten –, die den Eindruck haben, in »den Medien« werde über manche Themen einseitig berichtet. Das spielt dem Mythos von der »Lügenpresse« in die Hände. Deshalb ist es wichtig, sich genau anzuschauen, woran es liegen könnte.

Wie entsteht der Eindruck »alle Zeitungen schreiben das Gleiche«? Zeitungen haben immer größere Probleme, sich zu finanzieren. Die Menschen kaufen oder abonnieren weniger Zeitungen als früher. Viele Zeitungen haben es immer noch nicht geschafft, über ihre Online-Inhalte genug Geld zu verdienen, weil sie kein gut funktionierendes Online-Bezahlmodell haben. Und auch der Anzeigenmarkt verändert sich, weil viele Unternehmen zum Beispiel ihr Werbebudget lieber in Social-Media-Plattformen stecken als in gedruckte Zeitungen. Das alles führt dazu, dass viele kleinere, lokale Zeitungen aussterben. Oder sie werden von großen Verlagen aufgekauft, die dann für viele kleine Zeitungen einen Großteil der Texte zentral schreiben lassen. Dadurch ähneln sich die Inhalte teilweise wirklich stärker als früher, als es mehr eigenständige Redaktionen gab, die mehr Mittel hatten, selbst zu recherchieren und zu schreiben.

Und wie entsteht der Eindruck »alle Journalistinnen und Journalisten sind einer Meinung?« Dass alle Journalistinnen und Journalisten prinzipiell oder zu einem speziellen Thema die gleiche Meinung hätten, ist Quatsch. Zu jedem Thema kann man in unterschiedlichen Medien auch verschiedene Perspektiven lesen. Allerdings gibt es schon ein paar ganz grundsätzliche Dinge, über die sich zumindest die großen, überregionalen Medien einig sind.

In der Corona-Krise haben die meisten Medien sich für Vorsichtsmaßnahmen und für die Corona-Impfung ausgesprochen. Vor den Wahlen in den USA waren die meisten deutschen Medien Donald Trump gegenüber sehr kritisch eingestellt. Und ebenso kritisch schauen sie in Deutschland seit Jahren auf die AfD.

Woran liegt das? Wie bei anderen Berufen auch gehören Journalistinnen und Journalisten natürlich in gewisser Weise Communities an, die Gemeinsamkeiten haben. Sie haben in der Regel studiert. Das heißt, ihnen ist wissenschaftliches Denken nicht fremd. Sie versuchen sich Themen über Wissen und Fakten zu nähern. Sie interessieren sich logischerweise für Politik und Demokratie. Nicht nur das: Sie glauben an die Demokratie und wollen kritisch begleiten, wie sie sich entwickelt. Das führt zu ähnlichen Grundüberzeugungen, die sich in der Berichterstattung spiegeln.

Dazu kommt, dass Journalisten oft angefeindet werden. Das trifft für alle drei Beispiele zu: Die Corona-Leugner haben auf ihren Demonstrationen regelmäßig Medien-Vertreter angegriffen. Auch Trump und die AfD schimpfen ständig auf die Medien und rufen dazu auf, ihnen nicht zu glauben. Das führt logischerweise nicht gerade dazu, dass Journalisten ihren Kritikern vertrauen und positiv begegnen.

Wie neutral können Journalistinnen und Journalisten überhaupt sein?

Kein Mensch ist vollkommen neutral, jeder hat eigene Haltungen und Überzeugungen. Einen guten Journalisten macht aber aus, dass er trotzdem auch andere Meinungen zu Wort kommen lässt und dass er seine Meinung zum einen deutlich kenntlich macht und zum anderen gut und nachvollziehbar begründet.

Vom Mythos der »Lügenpresse« ganz abgesehen ist es natürlich so, dass Medien einen großen Einfluss haben, weil viele Menschen sie als Informationsquelle nutzen. Deshalb ist es völlig berechtigt, darauf zu schauen, wie Medien arbeiten, und kritische Fragen zu stellen:

- ✔ Was ist wirklich wichtig? **Medien gewichten Themen**, einfach dadurch, dass sie darüber berichten oder eben nicht. Und es kommt immer wieder vor – aus ganz unterschiedlichen Gründen –, dass Themen, die viele Menschen betreffen und interessieren, vernachlässigt werden.
- ✔ Wer ist am lautesten? Oft berichten Medien unverhältnismäßig viel über das, was besonders auffällig ist: Neue Bewegungen bekommen mehr Aufmerksamkeit als Altbekanntes, extreme Meinungen werden stärker in den Vordergrund gehoben als gemäßigte, Kritik ist interessanter als Lob und so weiter. Das nennt man **Relevanzverzerrung**.
- ✔ Wie wichtig sind einzelne Personen in der Politik? Oft neigen Medien zur **Personalisierung**, das heißt, sie berichten mehr über einzelne Politikerinnen und Politiker als etwa über Parteien und deren Programme und Ziele im Ganzen.
- ✔ Wie transparent sind Medien? Meinungen von Journalistinnen und Journalisten sollten immer klar erkennbar gemacht werden. Dafür gibt es eigene Formate, zum Beispiel den Kommentar. In anderen Texten sollte die persönliche Meinung des Journalisten aber nicht im Vordergrund stehen. Schon gar nicht sollte ein Journalist mit seinen Beiträgen eigene politische Ziele verfolgen. Manchmal gibt es aber eine solche **Vermischung von Aktivismus und Journalismus**, es gibt Journalisten, die selbst politisch aktiv sind und deren Beiträge davon getragen sind.
- ✔ Lassen Medien sich beeinflussen? Nicht nur die politische Meinung einzelner Journalisten, auch Einflüsse von anderen müssen kenntlich gemacht werden. Vor allem in kleineren Zeitungen passiert es zum Beispiel immer wieder, dass über Anzeigenkunden im redaktionellen Teil der Zeitung positiv berichtet wird. Da liegt die Vermutung nahe, die Zeitung habe dem Anzeigenkunden einen Gefallen tun wollen, um ihn nicht zu verlieren.

Solche Fälle von **Einflussnahme** schaden dem Journalismus insgesamt, weil sie das Vertrauen in die freie, unabhängige Berichterstattung zerstören.

- Wie festgelegt sind Medien auf eine politische Richtung? Es gibt in der Medienlandschaft erkennbare **politische Tendenzen**. So haben die Zeitungen Die Welt und FAZ eine eher konservative Ausrichtung. Die Berliner Tageszeitung taz dagegen gilt als links. Keine dieser Zeitungen ist aber in irgendeiner Form an eine politische Partei oder sonstige Kraft gebunden. Sie sind unabhängig. Und es passiert durchaus, dass zum Beispiel in zwei Beiträgen in einer Ausgabe der FAZ entgegengesetzte Meinungen zu einem Thema dargelegt werden.

Es gibt in Deutschland eine Tageszeitung, die quasi einer Partei angehört: Die Linke hält die Hälfte der Anteile an der Tageszeitung Neues Deutschland. Mit dem Zusatz »Journalismus von links« macht die Zeitung von Anfang an sehr klar, dass sie politisch eindeutig verortet ist. Auch die SPD hat verschiedene (kleinere) Beteiligungen an Zeitungen wie etwa der Frankfurter Rundschau.

Politische Diskussionen in den sozialen Medien

Früher haben Politikerinnen und Politiker Entscheidungen getroffen, die Medien haben darüber berichtet und der Großteil der Menschen hat darüber nur in kleinen Runden diskutiert, zu Hause, im Freundeskreis, in der Kneipe. Seit es Social Media gibt, hat sich einiges geändert:

- Jeder kann an der Debatte öffentlich teilnehmen. Das verändert den **Kreis der Diskussionsteilnehmer**.
- Jeder kann auf Social Media veröffentlichen. Das verändert die **Menge der Informationen**.
- Alles kann gepostet werden. In einer Zeitungsredaktion werden Informationen gegengecheckt. In den sozialen Medien gibt es so eine Kontrollinstanz erst mal nicht. Das verändert die **Qualität der Informationen**.
- Politikerinnen und Politiker sind nicht mehr so stark auf die Medien angewiesen. Sie können selbst auf ihren eigenen Social-Media-Kanälen veröffentlichen, statt sich den kritischen Fragen von Journalistinnen und Journalisten auszusetzen. Das verändert die **Rolle der Medien**.

- ✔ Welche Inhalte auf Social Media erfolgreich sind und von wie vielen Menschen diese gesehen werden, wird zu großen Teilen durch Algorithmen bestimmt. Um viel Aufmerksamkeit zu bekommen, müssen sowohl Politikerinnen und Politiker als auch Medien und alle anderen sich ein Stück weit auf die Logik der Algorithmen einlassen und das Spiel mitspielen. Das verändert die **Inhalte**.

Was durch Social Media besser wird

An der öffentlichen Debatte ist natürlich erst mal einiges gut. Dass viele Menschen ihre Meinung und ihre Ideen einbringen können, nicht nur Politikerinnen und Journalisten, ist prinzipiell schön. Dadurch entstehen neue Möglichkeiten, sich einzubringen, Gleichgesinnte zu finden und sich zusammenzutun, aber auch neue Perspektiven kennenzulernen und sich auszutauschen.

Zu den positiven Effekten der Debatte im digitalen Raum gehört auch, dass sie an vielen Stellen zu mehr Transparenz beiträgt. Denn die Erwartungshaltung der Menschen, einbezogen zu werden und ehrliche Einblicke zu bekommen, wächst.

Zum einen machen zum Beispiel Behörden, Institutionen und auch Politikerinnen und Politiker freiwillig mehr Informationen öffentlich. Auf ihren Social-Media-Kanälen zeigen sie ihre Räumlichkeiten, lassen Mitarbeiter zu Wort kommen, erklären ihre Arbeitsweisen und gehen auf Fragen und Feedback der Menschen ein.

Zum anderen gibt es Projekte, die es sich zur Aufgabe gemacht haben, politische Vorgänge und Entscheidungen genau zu beobachten und Unrechtmäßigkeiten aufzudecken. Ihre Erkenntnisse veröffentlichen sie im Netz für jeden zugänglich.

- ✔ **Abgeordnetenwatch** veröffentlicht Informationen zu Parteispenden, Nebentätigkeiten von Abgeordneten und Abstimmungen. Außerdem kann man über die Plattform Abgeordneten verschiedener Parlamente Fragen stellen.
- ✔ **LobbyControl** legt Lobby-Aktivitäten offen, um sichtbar zu machen, welche Interessensvertreter mit welchen Politikerinnen und Politiker im Gespräch sind und gegebenenfalls Einfluss auf Entscheidungen nehmen.
- ✔ **Transparency International** recherchiert zum Thema Korruption und veröffentlicht seine Rechercheergebnisse.

Was an Social Media gefährlich ist

Leider bringen die sozialen Medien in der politischen Diskussion aber auch eine Reihe von ernsthaften Gefahren mit sich:

- ✔ **Desinformation:** Es ist mitunter unglaublich schwer, den Wahrheitsgehalt von Informationen, die man in den sozialen Medien angezeigt bekommt, zu überprüfen. Ist dieses Bild echt oder von einer künstlichen Intelligenz erzeugt? Hat diesen Kommentar ein echter Mensch oder ein Social Bot, also ein Computerprogramm, geschrieben? Ist diese Zahl wissenschaftlich fundiert oder ist die Quelle nur erfunden? Falschinformationen werden mitunter sehr bewusst veröffentlicht und verbreitet.

- ✔ **Populismus:** Die kurzen Formate auf Social Media verleiten dazu, Dinge sehr vereinfacht darzustellen, was vielschichtigen politischen Themen oft nicht gerecht wird. Das führt mitunter zu eindimensionalem Schwarz-Weiß-Denken.

- ✔ **Framing:** Zitate von Politikern werden auf Social Media oft verkürzt oder in falschen Zusammenhängen wiedergegeben. Das passiert ganz bewusst, um ein bestimmtes Bild zu erzeugen.

- ✔ **Filterblasen und Echokammern:** In den sozialen Medien wird uns das angezeigt, was uns gefällt, wofür wir uns interessieren. Dafür sorgen die Algorithmen, die unser Nutzungsverhalten genau analysieren. Das führt aber dazu, dass wir andere Themen oder andere Meinungen gar nicht mehr zu sehen bekommen. Dadurch entsteht mitunter ein ganz falscher Eindruck von der Wirklichkeit.

- ✔ **Hass und Hetze:** Die Hemmschwelle, in den sozialen Medien andere zu beschimpfen, zu bedrohen, gegen sie zu hetzen, ist deutlich niedriger als im analogen Leben. Das hat verschiedene Gründe. Die sozialen Medien sind anonymer, man muss die Reaktion des Gegenübers nicht unmittelbar miterleben und aushalten, und oft schaukeln Debatten sich hoch, man fühlt sich angegriffen und schlägt zurück oder man fühlt sich durch andere bestätigt und legt noch mal nach. **Trolle**, die in Kommentarspalten bewusst provozieren, um Streit anzuzetteln, verstärken diese Tendenz zur **Hatespeech** noch.

Diese Phänomene tragen dazu bei, dass die Debattenkultur sich verändert. Der Ton wird rauer und Menschen, die in der Öffentlichkeit stehen – Politiker, aber auch Journalistinnen, Aktivisten und andere – müssen damit rechnen, persönlich angefeindet und bedroht zu werden. Das hält nicht jeder aus. Es führt zum einen dazu, dass Menschen seelisch krank werden (oder im Extremfall auch dazu, dass sie auch im »echten« Leben tatsächlich körperlich angegriffen und verletzt werden). Zum anderen hat es aber auch zur Folge, dass Menschen sich von vorneherein dagegen entscheiden, sich zu engagieren.

Ein anderes Problem ist, dass viele sich weniger mit Menschen beschäftigen, die andere Meinungen haben als sie. In Kommentarspalten beschimpfen sich Nutzer mit unterschiedlichen Meinungen zwar, aber auf eine sehr zugespitzte und aufgeheizte Weise. Ein echter Austausch, bei dem man der Gegenseite ernsthaft zuhört, nachfragt, sie verstehen möchte und auch mal zugesteht, dass sie recht hat, ist da eher schwierig. So entstehen keine differenzierten Meinungen und vor allem geht so auch die Kompromissbereitschaft verloren. Jeder hält an seiner eigenen Meinung fest und lässt nichts anderes gelten. Das ist als Grundvoraussetzung für eine Gesellschaft, in der viele verschiedene Menschen mit ganz unterschiedlichen Interessen leben, aber schwierig.

Was kann man gegen Hatespeech tun?

- ✔ **Diskussionsregeln aufstellen:** Viele Social-Media-Kanäle haben eine **Netiquette**, also klare Regeln für die Kommunikation. Wer sich daran nicht hält, wird im Zweifel gelöscht und blockiert. So kann man klar machen, was man wichtig findet und was man nicht bereit ist zuzulassen.

- ✔ **Bewusst positiv kommunizieren:** Man kann in den sozialen Medien bewusst menschenfreundlich und konstruktiv kommunizieren und so einen Teil dazu beitragen, die Debattenkultur im Netz in eine andere Richtung zu entwickeln. Man nennt das **Counter-Speech**: eine Gegen-Rede zum Hass.

- ✔ **Den Dialog suchen:** Mit Trollen zu diskutieren, die bewusst Hass schüren wollen, bringt zwar in der Regel nichts. Anderen Nutzern kann man aber durchaus ehrliche Gesprächsangebote machen: nachfragen, zuhören, versuchen, das Muster aufzubrechen, nach dem ein Nutzer einen anderen angreift und der noch härter zurückschlägt.

- ✔ **Für Sprache sensibilisieren:** Hass-Kommentare in sozialen Netzwerken zeichnen sich oft durch sehr aggressive, manchmal sogar gewaltbereite Sprache aus. Man kann zum einen natürlich auf die eigene Sprache achten und bewusst anders kommunizieren. Man kann extreme Sprache aber auch direkt thematisieren und dem Verfasser zum Beispiel spiegeln, dass man bestimmte Wörter krass findet, oder fragen, warum diese Wörter verwendet wurden.

- **Hatespeech melden:** Hass-Kommentare kann man immer dem Betreiber des Netzwerks melden, in der Hoffnung, dass sie gelöscht und der Verfasser gesperrt wird. Die meisten großen sozialen Netzwerke (nicht alle) prüfen solche Beschwerden inzwischen deutlich gründlicher als früher, nachdem sie lange dafür kritisiert wurden, nicht genug Haltung zu zeigen.

- **Rechtliche Schritte:** Wenn Hass-Kommentare gegen das Gesetz verstoßen, kann man sie natürlich auch anzeigen. Je öfter das passiert, desto länger denken Hater vielleicht beim nächsten Mal darüber nach, ob sie wirklich einen strafbaren Kommentar posten wollen.

Die Organisation HateAid berät Menschen, die Hass im Netz erlebt haben, individuell und kostenlos. Sie setzt sich außerdem mit Aktionen und Aufklärungskampagnen gegen digitale Gewalt ein.

Die Initiative »ichbinhier« versammelt in den sozialen Medien Nutzer, die dem Hass etwas entgegensetzen möchten. Indem sie in ihren Posts den Hashtag #ichbinhier verwenden, machen sie andere auf schwierige Kommentarspalten aufmerksam und helfen sich gegenseitig durch Likes, in den Kommentarspalten weit oben zu landen, damit die Hass-Beiträge nicht als Erstes gelesen werden.

Sollte man in sozialen Medien politisch aktiv werden?

Unbedingt. Denn man darf das Feld nicht den Feinden der Demokratie überlassen, die leider auf Social-Media-Plattformen sehr aktiv sind. Sonst verbreiten sich Hass und Falschinformationen weiter. Deshalb ist es wichtig, dass Organisationen und öffentliche Stellen in den sozialen Medien sichtbar sind und sich klar positionieren. Wie aktiv man aber als einzelne Person werden will, sollte man sich vorher gut überlegen. Denn wer sich öffentlich äußert, kann eben auch Opfer von Hatespeech und im schlimmsten Fall auch von körperlichen Angriffen werden, wenn beispielsweise Name und Adresse veröffentlicht werden.

Teil III

Regeln, die für alle gelten – so entstehen Gesetze

IN DIESEM TEIL …

- ✔ Wer alles über unsere Gesetze mitentscheidet
- ✔ Der Weg eines Gesetzes vom Gesetzentwurf bis hin zur gültigen Regel, an die sich alle halten müssen
- ✔ Internationale Gesetze und Regelungen, an die sich Deutschland halten muss

IN DIESEM KAPITEL

Wer entscheidet was: So teilen sich Bund und Länder die Aufgaben bei der Gesetzgebung

Gemeinsam für gute Lebensbedingungen: Wie Bund und Länder zusammenarbeiten und sich unterstützen

Eigene Verfassungen, eigene Parlamente – aber nach den Regeln des Grundgesetzes: Rechte und Pflichten der Bundesländer

Die Kommune als kleinste politische Einheit mit ihren Besonderheiten und Herausforderungen

Kapitel 10
Regeln für Deutschland, die Bundesländer und die Kommunen

Wie wir miteinander umgehen, was erlaubt und was verboten ist, regeln unsere Gesetze, an die sich alle halten müssen. Die Gesetzgebung ist eine der wichtigsten Aufgaben der Politik. In Deutschland entstehen die wichtigsten Gesetze auf Bundesebene. Es gibt aber auch Bereiche, in denen die Bundesländer und die Kommunen für sich entscheiden dürfen.

Was der Bund und was die Länder entscheiden

Deutschland ist ein föderalistischer Staat (mehr dazu erfahrt ihr in Kapitel 3 im Abschnitt »Deutschland: demokratisch, sozial, föderalistisch«). Er besteht aus 16 Bundesländern, die sich selbst verwalten. Es gibt Bundesgesetze, die für ganz

Deutschland gelten. Sie werden von der Bundespolitik festgelegt. Und es gibt Landesgesetze, die von der Landespolitik gemacht werden und nur für das jeweilige Bundesland gelten.

Grundsätzlich gilt: Bundesrecht hat Vorrang vor Landesrecht. Das heißt, wenn es zu einem Thema ein Bundesgesetz gibt, dann gilt dieses. Die Bundesländer dürfen dann keine eigenen Gesetze zum gleichen Thema erlassen

Abbildung 10.1 zeigt, wofür der Bund, wofür die Länder und wofür die Kommunen zuständig sind.

Abbildung 10.1: Der Bund ist zum Beispiel für Außenpolitik und Staatsangehörigkeitsfragen zuständig, die Bundesländer für die Landespolizei und Bildungsthemen, die Kommunen für Straßenführung und Baugenehmigungen.

Die »grundsätzliche Mitwirkung der Länder bei der Gesetzgebung« steht im Grundgesetz festgeschrieben – und zwar in dem Teil, der nicht verändert werden darf. (Mehr dazu steht in Kapitel 3 »Demokratie in Deutschland: Das Grundgesetz legt das Wichtigste fest«.) Theoretisch ist es sogar so, dass als Regel erst mal die Länder zuständig sind für die Gesetzgebung. Praktisch gibt es aber eine lange Liste von Bereichen, in denen dann doch der Bund zuständig ist.

Chefsache: Hier entscheidet der Bund

Von **ausschließlicher Bundesgesetzgebung** spricht man, wenn nur der Bund Gesetze erlassen darf.

Für diese Themen ist zum Beispiel allein der Bund zuständig:

- ✔ Beziehungen zu anderen Ländern
- ✔ Verteidigung
- ✔ Post
- ✔ Luftverkehr
- ✔ Staatsangehörigkeit
- ✔ die obersten Gerichte: Bundesgerichtshof, Bundesarbeitsgericht, Bundesfinanzhof, Bundessozialgericht, Bundesverwaltungsgericht
- ✔ Bundeshaushalt

Konkurrierende Bundesgesetzgebung bedeutet, dass die Länder in einem Politikbereich nur dann Gesetze festlegen dürfen, wenn es (noch) keine Bundesgesetze gibt oder wenn in existierenden Bundesgesetzen nicht ausdrücklich vorgesehen ist, dass die Länder bestimmte Entscheidungen treffen dürfen. Der Bund hat hier also das letzte Wort – wenn er davon aber keinen Gebrauch macht, kommen die Länder zum Zug.

Diese Regel trifft auf viele spannende Politikbereiche zu, die die Menschen sehr direkt betreffen:

- ✔ Strafrecht
- ✔ Verkehrsrecht
- ✔ Heilmittel- und Betäubungsmittelrecht
- ✔ Arbeitsrecht

Im Bundesurlaubsgesetz steht, dass jeder Arbeitnehmer und jede Arbeitnehmerin einen Anspruch auf mindestens 24 Tage Urlaub im Jahr hat. Demnach darf kein Bundesland bestimmen, dass weniger Urlaub erlaubt ist.

Und wer entscheidet über die Steuersätze?

Steuern sind die wichtigste Einnahmequelle des Staates. Er finanziert damit große Gemeinschaftsprojekte, die vielen Menschen zugutekommen. Manche Steuern gehen direkt an den Bund, zum Beispiel die Versicherungssteuer und die Kfz-Steuer. Andere bekommen die Bundesländer, etwa die Erbschaftssteuer oder die Biersteuer. Bei den Steuern, die die Länder einziehen, dürfen sie auch über die Steuersätze mitbestimmen.

Übrigens ist es nicht so, dass die Länder gar nicht beteiligt wären, wenn der Bund Gesetze erlässt. Denn in der Bundesgesetzgebung ist immer auch der Bundesrat als Vertretung der Bundesländer beteiligt. (Mehr dazu lest ihr in Kapitel 11 »Der Weg eines Gesetzes«.)

Ländersache: Wo der Bund sich nicht einmischen darf

Es gibt Bereiche, für die ausschließlich die Bundesländer zuständig sind. Hier dürfen sie ihre eigenen Regeln festlegen. Das nennt sich dann **ausschließliche Landesgesetzgebung**.

Darüber entscheiden nur die Länder:

- ✔ Schule und Hochschule
- ✔ Kultur
- ✔ Landespolizei
- ✔ Landesgerichte
- ✔ Landeshaushalt
- ✔ Regelungen für Gaststätten, Ladenschluss, Märkte, Messen, Spielhallen

Ist es gut oder schlecht, dass die Bundesländer über Schulfragen entscheiden?

Über diese Frage streiten sich Schüler, Bildungsexperten, Politiker und andere Akteure seit Jahrzehnten. Dass die Bundesländer unterschiedliche Lehrpläne haben, ist zum Beispiel für Kinder und Jugendliche problematisch, die während der Schulzeit von einem Bundesland in ein anderes ziehen. Ausbildungsbetriebe und Hochschulen beschweren sich außerdem regelmäßig, dass die Schulnoten nicht vergleichbar seien.

Auf der anderen Seite haben Schulen in verschiedenen Regionen sehr unterschiedliche Bedürfnisse. Die kennen die Politiker vor Ort besser und können individueller darauf reagieren. Das ist ein wichtiges Argument für den Bildungsföderalismus.

Der Bildungsföderalismus bedeutet auch, dass der Bund Bildungseinrichtungen nicht finanziell unterstützen darf. Inzwischen wird dieses sogenannte Kooperationsverbot aber nicht mehr so streng gehandhabt. Es gibt große Programme des Bundes, mit denen in Bildungsstrukturen investiert wird, zum Beispiel den Digitalpakt Schule, mit dem Schulen in ganz Deutschland mit digitaler Technik ausgestattet werden.

Es gibt auch ein paar Bereiche, in denen die Länder eigene Regelungen für ihr Gebiet treffen dürfen, auch wenn der Bund übergeordnete Gesetze dazu gemacht hat. Beispiele sind etwa Hochschulzulassungen, Bodenverteilung oder Naturschutzprojekte. Man spricht dabei von **Abweichungsgesetzgebung**.

Wie Bund und Länder zusammenarbeiten

Der Bund legt schwerpunktmäßig die wichtigen Gesetze fest. Die Länder sind aber in vielen Bereichen dafür zuständig, sie zu vollziehen. Denn den Großteil der Verwaltung in Deutschland liegt bei den Bundesländern.

Was bedeutet eigentlich genau Verwaltung?

Die Verwaltung, das sind alle öffentlichen Ämter und Behörden. Klingt erst mal langweilig, aber tatsächlich ist die Verwaltung extrem wichtig dafür, dass alles rund läuft in Deutschland. Denn sie macht im Prinzip alles, was nicht Gesetzgebung und Rechtsprechung ist. Sie macht allgemeine Beschlüsse konkret, sie organisiert die Verteilung von Ressourcen und sie entscheidet auch im Einzelfall über die konkrete Umsetzung von Gesetzen.

Der Bund selbst hat nur in wenigen Bereichen eigene Ämter und Behörden, dazu gehören zum Beispiel:

- Bundesministerien
- Bundeskriminalamt
- Umweltbundesamt
- Auswärtiger Dienst
- Bundesfinanzverwaltung

Die meisten Gesetze setzen die Verwaltungen der Länder um, teilweise unter Aufsicht des Bundes. Dazu gehören etwa Finanzämter, Gesundheitsämter und Straßenbauämter.

In der Corona-Zeit gab es viele gesetzliche Regelungen dazu, wie mit der Pandemie umgegangen werden solle: verpflichtende Corona-Tests, Nachweise über Impfungen, vorübergehende Schließungen von Schulen, Läden und Restaurants. Die Gesundheitsämter vor Ort waren dafür zuständig, diese Regelungen umzusetzen.

Finanzausgleich und Hilfe in Extremsituationen: So unterstützt der Bund die Länder

Die Bundesländer haben unterschiedliche Steuereinnahmen. In manchen Ländern verdienen die Menschen im Schnitt mehr als in anderen, etwa weil es mehr Industrie und dadurch weniger Arbeitslosigkeit gibt. Das gleicht der Bund mit dem sogenannten Länderfinanzausgleich aus.

Außerdem kann der Bund die Länder (und auch die Gemeinden) in Notsituationen oder bei Investitionen, die wirtschaftlich besonders wichtig sind, finanziell unterstützen.

In Sachsen fördert der Bund Unternehmen aus der Mikroelektronik-Branche, die sich zum Verbund »Silicon Saxony« zusammengetan haben, mit mehreren hundert Millionen Euro. Warum? Weil er ein Interesse daran hat, dass Deutschland in diesem Bereich im Vergleich mit anderen Ländern wettbewerbsfähig bleibt und dass die ostdeutschen Bundesländer, die nach der Wiedervereinigung eine große Abwanderungswelle erlebt haben, wirtschaftlich gestärkt werden.

Bei außergewöhnlichen Ereignissen und Notsituationen wie Naturkatastrophen können die Länder auch Hilfe vom Bund in Form von Rettungs- oder Polizeikräften anfordern. So sieht man zum Beispiel bei Großereignissen wie internationalen Gipfeltreffen der Politik, großen Demonstrationen oder Sport-Events oft Polizeikräfte aus verschiedenen Bundesländern, weil die jeweilige Landespolizei das gar nicht alleine stemmen kann.

Wie die Bundesländer organisiert sind

Die Bundesländer sind im Prinzip ähnlich organisiert wie der Bund. Im Detail gibt es aber ein paar Unterschiede.

Zunächst haben sie eigene Verfassungen. Die Verfassungen mancher Bundesländer sind sogar älter als das Grundgesetz. Die älteste noch heute bestehende Verfassung ist die hessische Verfassung, die schon 1946 in Kraft trat.

Die Verfassungen der Länder müssen aber natürlich mit dem Grundgesetz übereinstimmen. Wie die Länder sich organisieren, muss »den Grundsätzen des republikanischen, demokratischen und sozialen Rechtsstaates« entsprechen. So steht es im Grundgesetz. Kein Bundesland darf entscheiden, dass es einen König einsetzt. Es muss Volksvertretungen geben, die in freien, gleichen und geheimen Wahlen gewählt wurden.

Neben einer eigenen Verfassung haben alle Bundesländer:

- ✔ ein **Landesparlament**, das den Regierungschef oder die Regierungschefin wählt
- ✔ eine **Landesregierung**, die aus Regierungschef und Ministern besteht

Was es dagegen auf Landesebene nicht gibt, ist ein Staatsoberhaupt wie den Bundespräsidenten.

Die Begrifflichkeiten unterscheiden sich in den Bundesländern teilweise ein bisschen. So heißt das Parlament in den meisten Ländern »Landtag«, in Berlin aber »Abgeordnetenhaus« und in Hamburg und Bremen »Bürgerschaft«. Der Regierungschef ist in den großen Bundesländern der »Ministerpräsident«, in Berlin dagegen der »Regierende Bürgermeister« und in Hamburg der »Erste Bürgermeister«. Und die Landesminister werden in den Stadtstaaten »Senatoren« genannt.

Bei der Zusammensetzung und der Auflösung der Landesregierung gibt es kleine Unterschiede zwischen den Ländern:

- ✔ In manchen Ländern entscheidet der Regierungschef allein über die Zusammensetzung der Regierung. In anderen muss die Regierung noch durch einen Beschluss des Parlaments bestätigt werden.
- ✔ In Bremen wird jeder Minister vom Parlament einzeln gewählt.
- ✔ In manchen Ländern kann die Regierung nur durch ein konstruktives Misstrauensvotum vom Parlament abgewählt werden. Das bedeutet, dass gleichzeitig eine neue Regierung gewählt werden muss. In anderen Ländern ist das nicht nötig, dort kann das Parlament die Regierung auch einfach nur abwählen.
- ✔ In einzelnen Ländern kann das Parlament auch nur einzelnen Ministern das Misstrauen aussprechen.

Was die Kommunen entscheiden dürfen

Die kleinste politische Ebene in Deutschland ist die Kommune. Kommune ist ein Überbegriff für Städte, Gemeinden, Landkreise und teilweise auch Bezirke.

In Deutschland gibt es mehr als 10.000 Kommunen. Sie sind Teile der Bundesländer; mit Ausnahme der Stadtstaaten Berlin, Bremen und Hamburg.

Die Kommunen haben ein Recht auf kommunale Selbstverwaltung und finanzielle Eigenverantwortlichkeit. Sie dürfen zum Beispiel folgende Entscheidungen treffen:

- ✔ Sie dürfen für ihr Gebiet die Höhe der Gewerbesteuer und der Grundsteuer festlegen.
- ✔ Sie entscheiden über Straßenverläufe.
- ✔ Sie bestimmen über sämtliche Bauvorhaben.

Um manche Dinge müssen die Kommunen sich vor Ort kümmern, etwa um Schulen, Gemeindestraßen und Landschaftsschutz. Andere Aufgaben können sie freiwillig übernehmen, zum Beispiel Theater oder Schwimmbäder.

Wenn Kommunen in Ausnahmezuständen von ihren Zuständigkeiten überfordert sind, können sie die Länder oder auch den Bund um Hilfe bitten.

Die Kommunen müssen sich um die Aufnahme von Geflüchteten kümmern, die gleichmäßig auf sie verteilt werden. Das ist eine sehr umfassende Aufgabe: Die Geflüchteten brauchen Wohnungen, Kita- und Schulplätze, sie bekommen finanzielle Unterstützung, Beratungsangebote, Deutschkurse, sie werden bei Bedarf medizinisch versorgt und so weiter. In Zeiten, in denen besonders viele Geflüchtete nach Deutschland kommen, zum Beispiel wegen Kriegen in ihren Heimatländern, ist das für die Kommunen eine finanzielle und organisatorische Herausforderung. Deshalb unterstützen Bund und Länder sie in diesen Zeiten immer wieder.

Wenn es um Themen geht, die mehrere Kommunen betreffen, arbeiten die Kommunen natürlich auch oft zusammen, etwa im Bereich Wasserversorgung, beim Betrieb von Krankenhäusern oder im öffentlichen Nahverkehr.

Auch in den Kommunen gibt es gewählte Kommunalparlamente. Sie heißen regional unterschiedlich, zum Beispiel Gemeinderat, Gemeindevertretung, Ratsversammlung, Stadtrat oder Bürgerschaft.

An der Spitze einer Kommune steht ein Bürgermeister, Oberbürgermeister oder Landrat. Er wird direkt gewählt und ist in den meisten Bundesländern allein zuständig für die Erledigung der Verwaltungsgeschäfte. Unterstützt wird er von Beigeordneten, die verschiedene Dezernate, also Politikfelder leiten (ähnlich den Ministern auf Landes- und Bundesebene).

Der Einfluss von Parteien auf Kommunalebene

Parteien haben in den Kommunen oft weniger Einfluss als auf Landes- oder Bundesebene. Das erklärt sich durch den großen Einfluss des Bürgermeisters. Es ist keine Seltenheit, dass Bürgermeister parteilos sind, denn vor Ort geht es weniger um Parteienlager als um ganz konkrete Detail-Entscheidungen. Übrigens sind in den Kommunalparlamenten auch oft mehr und kleinere Parteien vertreten als in Landtagen und im Bundestag, denn in den Kommunalparlamenten gibt es keine Sperrklausel. Die Parteien müssen also keine bestimmte Prozentzahl der Wählerstimmen erreichen, um ins Parlament einziehen zu können. (Mehr zum Thema Parteien erfahrt ihr in Kapitel 5 »Viele Interessen, viel Konfliktpotenzial«.)

Sehr viele Politiker und Politikerinnen arbeiten im kommunalen Bereich ehrenamtlich. Auch die Bürgermeister in kleinen Kommunen üben ihre Tätigkeit oft parallel zu ihrem Hauptberuf aus.

Es ist eine große Herausforderung für die Kommunalpolitik, dass sich immer weniger Menschen finden, die Lust auf dieses Ehrenamt haben. Der Arbeitsaufwand ist groß und nicht jeder kann es sich leisten, so viel Zeit für eine unbezahlte Tätigkeit aufzuwenden. Außerdem gibt es immer mehr Anfeindungen und sogar Angriffe auf Kommunalpolitiker, die nicht wie wichtige Bundespolitiker standardmäßig geschützt werden.

IN DIESEM KAPITEL

Alle Akteure, die an der Entstehung eines Gesetzes beteiligt sind

Alle Schritte von der ersten Idee bis zum fertigen Gesetz

Kapitel 11
Der Weg eines Gesetzes

Obwohl auch die Bundesländer Gesetze machen, ist doch der Bund für einen Großteil der Gesetze zuständig. Deshalb zeichne ich in diesem Kapitel den Weg eines Gesetzes auf Bundesebene nach.

Wer an der Gesetzgebung beteiligt ist

Auf Bundesebene sind vier Institutionen an der Entstehung eines Gesetzes beteiligt:

✔ Der wichtigste Gesetzgeber ist der **Bundestag**. Er stimmt am Ende darüber ab, ob ein Gesetz in Kraft treten soll oder nicht.

✔ Der **Bundesrat** muss bei vielen Gesetzen zustimmen und hat immer ein Einspruchsrecht.

✔ Die **Bundesregierung** ist zwar nicht Teil der Legislative, also der gesetzgebenden Gewalt (mehr dazu in Kapitel 4 »Wer was bestimmt: Die drei Gewalten«), denn sie entscheidet nicht mit darüber, ob ein Gesetzentwurf angenommen oder abgelehnt wird, trotzdem spielt die Bundesregierung in der Entstehung neuer Gesetze eine große Rolle. Denn die meisten Gesetzentwürfe kommen von der Bundesregierung. Und da die Bundesregierung sich im Bundestag auf die Mehrheit der Koalition verlassen kann, sind das auch in aller Regel die Gesetzentwürfe, die umgesetzt werden – auch wenn sie im Bundestag noch geändert werden.

- ✔ Der **Bundespräsident** ist zwar nicht unmittelbar an der Gesetzgebung beteiligt. Er muss aber jedes Gesetz, das der Bundestag verabschiedet, unterzeichnen und ihm somit zustimmen. (Auch dazu steht mehr in Kapitel 4, im Abschnitt »Und wozu gibt es einen Bundespräsidenten?«)

Volksbegehren: Direkte Mitbestimmung des Volkes auf Landesebene

Während auf Bundesebene das Parlament Gesetze erlässt, besteht auf Landes- und Kommunalebene eine weitere Möglichkeit Gesetze einzubringen: Im Rahmen von Bürger- und Volksbegehren können die Wählerinnen und Wähler direkt Gesetze vorschlagen und über diese dann auch abstimmen. (Wie das genau funktioniert, erfahrt ihr in Kapitel 14 »Partizipation: Möglichkeiten, gehört zu werden«, Abschnitt »Direkte Demokratie auf Länder- und Kommunalebene«.)

Abbildung 11.1 zeigt den Weg vom Gesetzentwurf bis zum gültigen Gesetz.

Abbildung 11.1: Diese Schritte durchläuft ein Gesetz

Die Ursprungsidee: Der Gesetzentwurf

Ein Gesetzentwurf ist eine Vorlage für ein neues Gesetz oder eine Änderung an einem bestehenden Gesetz. Neben dem vorgeschlagenen Gesetzestext gibt es darin auch einen Teil, in dem erklärt wird, warum ein neues Gesetz oder eine Gesetzesänderung notwendig erscheint.

Ein Gesetzentwurf kann von drei Seiten kommen:

- Die meisten Gesetzentwürfe kommen von der **Bundesregierung**. Sie werden im jeweiligen Ministerium ausgearbeitet und dann im Kabinett abgestimmt. Die fertigen Entwürfe gehen zuerst in den Bundesrat, der eine Stellungnahme dazu abgeben kann. Anschließend landet der Entwurf zur weiteren Bearbeitung im Bundestag.
- Der **Bundesrat** kann auf Initiative einzelner oder mehrerer Landesregierungen mehrheitlich Gesetzentwürfe beschließen. Das passiert eher selten. Wenn es der Fall ist, geht die Vorlage erst an die Bundesregierung, die eine Stellungnahme dazu abgeben kann, und dann an den Bundestag.
- Im **Bundestag** kann eine Gruppe von Abgeordneten, die insgesamt mindestens fünf Prozent aller Abgeordneten ausmachen muss, einen Gesetzentwurf vorlegen. Meistens – nicht immer – tun das Fraktionen, entweder einzelne oder mehrere gemeinsam. Die meisten Gesetzentwürfe kommen im Bundestag von der Opposition, da die Themen der Koalition oft schon von den Regierungsentwürfen abgedeckt sind.

Haben Gesetzentwürfe der Opposition überhaupt eine Chance?

Im Prinzip nicht. Die Opposition hat ja keine Mehrheit im Bundestag. Aber sie kann so auf ein Thema aufmerksam machen und ihre Haltung dazu öffentlich machen. Zum einen in der Hoffnung, dass die Wähler diese Haltung unterstützen und sie deshalb bei der nächsten Wahl wählen. Zum anderen vielleicht auch darauf spekulierend, dass die Koalition das Thema später selbst aufgreift und es so doch eine Chance hat – was tatsächlich ziemlich oft passiert.

Fraktionsübergreifende Gesetzentwürfe

In seltenen Fällen kommt es vor, dass einzelne Abgeordnete verschiedener Fraktionen einen gemeinsamen Gesetzentwurf erarbeiten. So eine Gruppe von Abgeordneten muss insgesamt mindestens so groß sein wie eine Fraktion, ihr müssen also mindestens fünf Prozent aller Parlamentarier angehören.

Fraktionsübergreifende Gesetzentwürfe gibt es meistens zu Themen, die ethische Grenzfragen betreffen. Zum Beispiel gab es zu der Frage, ob es eine verpflichtende Corona-Impfung geben solle, mehrere Gesetzentwürfe, die Abgeordnete aus ganz verschiedenen Fraktionen der Koalition und der Opposition gemeinsam entwickelt hatten. Eine Mehrheit fand sich allerdings am Ende für keinen der Entwürfe.

Vom Entwurf bis zur Abstimmung: Was im Bundestag passiert

Was passiert nun also mit einem Gesetzentwurf, wenn er im Bundestag landet?

1. Der Entwurf kommt auf die Tagesordnung des Bundestages und die Abgeordneten diskutieren zum ersten Mal im Plenarsaal darüber. Das ist die **erste Lesung**.

2. Danach wird der Entwurf in die **Ausschüsse** überwiesen, die für die Themen, die das Gesetz betrifft, zuständig sind. Die Ausschüsse arbeiten intensiv an dem Entwurf und ändern ihn in den meisten Fällen noch einmal ab.

3. Der überarbeitete Entwurf wird dann wieder im Plenarsaal debattiert. Das ist die **zweite Lesung**. Hier können die Abgeordneten noch versuchen, über Änderungsanträge am Entwurf zu schrauben.

4. In der **dritten Lesung** wird meistens nicht mehr diskutiert, sondern direkt über den Entwurf abgestimmt.

Alle Argumente auf den Tisch: Die Debatten im Bundestag

Die Lesungen eines Gesetzentwurfs finden immer im großen Plenarsaal des Bundestages statt. Sie sind dafür da, dass alle Fraktionen ausführlich ihre Argumente für oder gegen einen Gesetzentwurf darlegen können.

Dabei sprechen die Abgeordneten eigentlich für zwei unterschiedliche Arten von Zuhörern:

- ✔ Sie sprechen natürlich zum einen zu den anderen Abgeordneten, um die Gegenseite von ihren Argumenten zu überzeugen – das allerdings eher nur in der Theorie, denn in der Praxis haben die Fraktionen in der Regel schon eine geschlossene Meinung zu einem Gesetzentwurf, wenn die erste Lesung beginnt.

- ✔ Zum anderen sprechen sie mit ihren Reden auch die Öffentlichkeit an. Deshalb sind Plenardebatten immer offen für Besucher und Journalisten und werden außerdem auch komplett vom Parlamentsfernsehen übertragen. Denn die Menschen sollen genau nachvollziehen können, wer welche

Haltung zu einem Gesetz eingenommen hat und aus welchen Gründen – und schließlich sollen sie sich nach Austausch aller Argumente natürlich auch eine eigene Meinung bilden können.

Während der Lesung kommen also Abgeordnete aller Fraktionen zu Wort. Die Fraktionen legen fest, welche Abgeordneten für sie sprechen dürfen. Die Reihenfolge der Reden bestimmt das Präsidium vorab, also der Bundestagspräsident und seine Stellvertreter. Wichtig ist, dass Argumente für und gegen den Gesetzentwurf möglichst ausgeglichen aufeinanderfolgen.

Wenn der Bundestagspräsident einen Redner aufruft, geht er ans Rednerpult und hält seine Rede. Wie lange er sprechen darf, ist genau vorgegeben und hängt mit der Größe seiner Fraktion zusammen: Je mehr Mitglieder eine Fraktion hat, desto mehr Redezeit bekommt sie.

Die anderen Abgeordneten hören zu. Dieses Zuhören kann allerdings sehr laut sein, denn die Abgeordneten dürfen durchaus zeigen, was sie von der jeweiligen Rede halten: mit Klatschen, Buh-Rufen und Zwischenrufen. Sie dürfen übrigens auch Zwischenfragen stellen und Zwischenbemerkungen machen, aber nur, wenn der Redner das erlaubt. (Welche Regeln sonst noch für die Debatten im Bundestag gelten, steht ausführlich in Kapitel 8 »Wir müssen reden: Debattenkultur«.)

Lesungen sind übrigens unterschiedlich lang, je nachdem, wie komplex und kontrovers das Thema ist. Darüber entscheidet der Ältestenrat des Bundestages, wenn er die Tagesordnung beschließt.

Es lohnt sich wirklich, mal eine Debatte zu einem Thema, das euch interessiert, in der Mediathek des Bundestages anzuschauen! Von den unterschiedlichen Rede-Stilen und Arten, Argumente vorzubringen und auf die Reden der anderen zu reagieren, kann man viel lernen.

`www.bundestag.de/parlamentsfernsehen`

Warum ist der Plenarsaal während der Debatten oft relativ leer?

Diese Frage wird immer wieder gestellt, auch in den Medien. Damit verbunden wird oft die Unterstellung, die Abgeordneten interessierten sich nicht für das, was gerade im Plenarsaal passiere oder drückten sich gar vor der Arbeit. Das ist aber Unsinn. In den Sitzungswochen haben die Abgeordneten sehr viele unterschiedliche Termine: Sie treffen sich in ihren Ausschüssen, geben Interviews, sprechen mit Interessensvertretern und mit Besuchergruppen, zum Beispiel mit Schulklassen. Nebenbei müssen sie sich auf ihre Sitzungen und Reden vorbereiten. Sie können also gar nicht bei jeder Debatte im Plenarsaal sitzen. Stattdessen konzentrieren sie sich in der Regel auf die Debatten, die in ihre Spezialgebiete fallen, und überlassen die anderen Themen ihren Kollegen. Denn die jeweiligen Fachpolitiker haben in den jeweiligen Ausschüssen intensiv darüber gesprochen und kennen sich in ihrem Fachgebiet natürlich auch besser aus.

Feinschliff: Die Überarbeitung in den Ausschüssen

Nach der ersten Lesung im Plenarsaal wird der Gesetzentwurf an die Ausschüsse übergeben.

Die Ausschüsse im Bundestag

Im Bundestag gibt es viele verschiedene Ausschüsse, die sich jeweils um ein bestimmtes Thema kümmern, zum Beispiel Bildung, Umwelt, Verkehr, Gesundheit, Familie und so weiter. Die Ausschüsse entsprechen thematisch im Wesentlichen den Ministerien der Bundesregierung.

In jedem Ausschuss sind Abgeordnete aller Fraktionen vertreten – wie viele, das hängt von der Größe der Fraktion ab. Je größer eine Fraktion ist, desto mehr Mitglieder eines Ausschusses darf sie stellen – und desto mehr Ausschuss-Vorsitzende.

Meistens beraten mehrere Ausschüsse über einen Gesetzentwurf, weil er verschiedene Bereiche berührt. Es gibt aber immer einen Ausschuss, der hauptverantwortlich ist, der federführende Ausschuss.

Wenn es in einem Gesetzentwurf darum geht, dass Familien mit Kindern besser unterstützt werden sollen, dann betrifft das natürlich den Familienausschuss. Aber auch der Finanzausschuss muss mit im Boot sein, denn er muss darüber nachdenken, woher das Geld für die Familien kommen soll. Vielleicht sind rechtliche Aspekte zu bedenken, sodass auch der Rechtsausschuss mitredet.

Die Spezialisten in den Ausschüssen prüfen den Gesetzentwurf bis ins kleinste Detail. Sie diskutieren, ob Änderungen notwendig sind. Die meisten Gesetzentwürfe werden in den Ausschüssen mehr oder weniger stark überarbeitet.

Experten befragen: Die Anhörungen in den Ausschüssen

In den Ausschüssen diskutieren die Abgeordneten nicht nur unter sich. Sie laden sehr regelmäßig auch externe Experten zu sogenannten Anhörungen ein, um ihre Meinung zu hören. Wenn es zum Beispiel um ein Schulthema geht, kann der Bildungsausschuss etwa Bildungsforscher, Schulleiter, Schülervertreter, Bildungsvereine einladen. Die haben sicher jeweils ganz unterschiedliche Sichtweisen auf das Thema und kommen zu unterschiedlichen Urteilen, ob der Gesetzentwurf gut ist oder nicht. Diese Sichtweisen hören die Abgeordneten sich an, um sich ein umfassendes Bild machen zu können.

Wenn der Ausschuss mit seiner Arbeit an einem Gesetzentwurf fertig ist, dann stimmt er darüber ab, welche Empfehlung er den anderen Abgeordneten geben will. Je nach Abstimmungsergebnis empfiehlt er dann, den Gesetzentwurf anzunehmen oder abzulehnen. Daran müssen sich die anderen Abgeordneten nicht halten, wenn sie abstimmen. Aber sie wissen zumindest, dass dieser Empfehlung eine sehr gründliche Auseinandersetzung mit dem Thema vorausgegangen ist.

Im Plenarsaal ist der Ton oft sehr konfrontativ: Die Abgeordneten verschiedener Fraktionen greifen sich gegenseitig an und machen sich Vorwürfe. Das liegt daran, dass die Öffentlichkeit zuhört und jede Fraktion sich von den anderen abgrenzen will. Denn die Wähler sollen ja zu dem Schluss kommen, dass sie genau diese Partei wählen wollen, weil sie sich in wichtigen Fragen von den anderen unterscheidet. In den Ausschüssen dagegen, die auch teilweise nicht-öffentlich zusammenkommen, versuchen die Abgeordneten viele Stärken, Gemeinsamkeiten und Kompromisse zu finden. Hier hat auch die Opposition die Chance, dass ihre Vorschläge zu Änderungen eines Gesetzentwurfs aufgenommen werden.

Abstimmung im Bundestag

Am Ende der dritten Lesung im Plenarsaal folgt die Abstimmung. Bei vielen Abstimmungen bittet der Bundestagspräsident einfach um ein Handzeichen der Abgeordneten und darum, dass sie aufstehen, wenn sie für einen Entwurf stimmen. Dann stellt er fest, wie das Ergebnis ist. Meistens sind die Mehrheiten nämlich klar ersichtlich, weil die Fraktionen geschlossen abstimmen. Denn die Fraktionsmitglieder, die in den entsprechenden Ausschüssen gearbeitet haben, stellen ihre Meinung zum Gesetz in der Fraktionssitzung vor und geben dort eine Empfehlung ab, ob die Abgeordneten ihrer Fraktion dafür stimmen sollten oder nicht. Die Abgeordneten vertrauen also ihren Fraktionskollegen, die sich mit dem Thema besser auskennen.

Und wenn das Ergebnis einer Abstimmung nicht eindeutig ist?

Dann kommt es zum Hammelsprung. Dabei verlassen alle Abgeordneten den Plenarsaal und kommen dann durch eine von drei Türen wieder herein. Über den Türen steht »Ja«, »Nein« und »Enthaltung«. Wie viele Abgeordnete durch die jeweilige Tür kommen, zählen die Schriftführer an der Tür.

Übrigens weiß niemand genau, woher der Begriff »Hammelsprung« eigentlich kommt. Er steht auch nicht in der Geschäftsordnung des Bundestages, wird aber schon seit dem 19. Jahrhundert benutzt.

Wenn eine Frage politisch besonders umstritten ist, kann eine Fraktion oder eine Gruppe von mindestens fünf Prozent aller Abgeordneten vorab eine **namentliche Abstimmung** verlangen. Die Abgeordneten haben dann je drei Stimmkarten. Darauf stehen ihr Name und ihre Fraktion. Blau bedeutet »Ja«, Rot »Nein« und die Farbe Weiß steht für »Enthaltung«. Eine der Karten wirft jeder Abgeordnete in eine Urne. Die Schriftführer zählen die Karten dann aus, und das Ergebnis samt der Namen wird anschließend auf der Internetseite des Bundestages veröffentlicht. So kann sich jeder informieren, welcher Abgeordnete bei einer namentlichen Abstimmung wie abgestimmt hat.

Bei den meisten Abstimmungen im Bundestag reicht eine einfache Mehrheit. Es sei denn, im Grundgesetz, in einem Bundesgesetz oder in der Geschäftsordnung des Bundestages steht etwas anderes. (Mehr zu den unterschiedlichen Mehrheiten im Bundestag steht in Kapitel 6 »Zusammen ist man stärker: Koalitionen«.)

Der Bundestag ist nur beschlussfähig, wenn mehr als die Hälfte aller Abgeordneten anwesend ist. Wenn das nicht der Fall ist, dürfen keine Abstimmungen stattfinden. In der Regel geht der Bundestagspräsident davon aus, dass genug Abgeordnete da sind. Wenn eine Fraktion daran Zweifel hat, kann sie beantragen, dass gezählt wird.

Geschlossen einer Meinung: Die Fraktionsdisziplin

Laut Grundgesetz sind Bundestagsabgeordnete nur ihrem eigenen Gewissen verpflichtet. Prinzipiell kann sich also jeder Abgeordnete bei jeder Abstimmung so entscheiden, wie er will. Praktisch einigen sich die Fraktionen aber fast immer auf eine gemeinsame Haltung – das ist mit Fraktionsdisziplin gemeint. Ohne die Fraktionsdisziplin wäre das parlamentarische Geschehen oft unberechenbar. Wichtige Gesetzesvorhaben könnten leicht blockiert werden. Deshalb wird in den Fraktionen vorab intensiv über die einheitliche Linie diskutiert. Am Ende wird das Ergebnis der Diskussion dann meist von allen Abgeordneten mitgetragen – auch von denen, die von den Argumenten in der Diskussion nicht in jeder Hinsicht überzeugt waren.

Es gibt aber auch Themen, bei denen die Fraktionsdisziplin ausdrücklich aufgehoben wird. Besonders wenn es um ethische Grundfragen geht, soll wirklich jeder Abgeordnete individuell entscheiden. Das war zum Beispiel der Fall, als entschieden werden sollte, ob grundsätzlich jeder als Organspender gelten sollte, der dem nicht aktiv widersprochen hat.

Was passiert eigentlich mit Gesetzentwürfen, die der Bundestag innerhalb einer Wahlperiode nicht abschließend behandelt?

Das kommt durchaus vor, wenn ein Gesetzentwurf immer wieder zugunsten dringlicherer Themen von der Tagesordnung gestrichen wird. In dem Fall verfällt der Gesetzentwurf tatsächlich am Ende der Legislaturperiode. Er kann dann aber natürlich in der nächsten wieder von Neuem angegangen werden.

Letzte Schritte bis zum fertigen Gesetz

Wenn der Bundestag einen Gesetzentwurf beschlossen hat, geht er als Nächstes in den **Bundesrat**. Wie viel Einfluss der hat, hängt davon ab, um welche Art von Gesetz es sich handelt:

- ✔ Bei **Zustimmungsgesetzen** muss der Bundesrat zustimmen. Sonst kommt das Gesetz nicht zustande. Wenn es keine Einigung gibt, kann der Vermittlungsausschuss tätig werden, der zu einer Hälfte aus Mitgliedern des

Bundestages und zur anderen aus Mitgliedern des Bundesrates besteht. Der Ausschuss versucht dann, einen Kompromiss zu erarbeiten. Bei Änderungen des Grundgesetzes muss der Bundesrat immer zustimmen. Sonst vor allem bei Gesetzen, die das Verhältnis von Bund und Ländern und die Länderhaushalte betreffen.

✔ Bei **Einspruchsgesetzen** ist die Zustimmung des Bundesrates nicht nötig. Er kann aber, wenn er Änderungswünsche hat, Einspruch erheben. Dann wird ein Vermittlungsausschuss einberufen, der dabei helfen soll, einen Kompromiss zu finden. Im Zweifel kann der Bundestag den Einspruch aber überstimmen.

Wenn der Gesetzentwurf durch den Bundesrat ist, ist das Gesetz im Prinzip beschlossen. Es gibt aber noch ein paar formale Schritte, bis das Gesetz dann tatsächlich in Kraft treten kann:

1. Vertreter der **Bundesregierung** unterschreiben das Gesetz.
2. Der **Bundespräsident** prüft und beurkundet das Gesetz.
3. Das **Bundesgesetzblatt** veröffentlicht das Gesetz.

Wie lange dauert es vom Gesetzentwurf bis zum rechtskräftigen Gesetz?

Das kann sehr, sehr unterschiedlich lange dauern. Das hängt im Wesentlichen davon ab, als wie dringlich ein neues Gesetz politisch eingeschätzt wird. Wenn es nicht drängt und alle Debatten, Beratungen und Anhörungen regulär vonstattengehen, kann es Monate dauern, bis ein Gesetz es vom Entwurf bis zur Abstimmung schafft. Wenn die Zeit aber knapp ist, kann ein Gesetz in Ausnahmefällen auch in wenigen Tagen beschlossen werden. Ein gutes Beispiel ist die Corona-Zeit: Die Corona-Regelungen wurden teilweise in Rekordzeit erlassen, was auch viel kritisiert wurde. Es hieß dann oft, der Bundestag nehme seine Aufgabe nicht gründlich genug wahr, sondern nicke nur ab, was die Regierung vorschlage. Tatsächlich ist es natürlich wünschenswert, dass die Abgeordneten die Zeit haben, sich ein umfassendes Bild zu machen. Das Bundesverfassungsgericht, das sich schon mehrfach mit dieser Frage beschäftigt hat, hat auch immer wieder geurteilt, dass die Abgeordneten mehr Zeit für die Gesetzgebung brauchen, wenn die Bundesregierung versucht hat, Gesetze mit verkürzten Fristen beschließen zu lassen. Aber dass die Corona-Regelungen angesichts der ständig steigenden Zahl an Kranken und Toten als sehr dringlich angesehen wurden, leuchtet ein.

Den Rekord der meisten verabschiedeten Gesetze hält bisher übrigens die 16. Legislaturperiode: Zwischen 2005 und 2009 beschloss der Bundestag 616 neue Gesetze.

Wie Gesetze entstehen

Jedes Gesetz durchläuft in Deutschland die folgenden Schritte:

1. Gesetzentwurf (von Bundesregierung, Bundestag, selten auch vom Bundesrat)
2. Erste Lesung im Bundestag: Das Plenum diskutiert den Entwurf
3. Die zuständigen Ausschüsse im Bundestag überarbeiten den Entwurf
4. Zweite und dritte Lesung inklusive Abstimmung im Plenum
5. Bundesrat muss bei Zustimmungsgesetzen zustimmen, bei Einspruchsgesetzen kann er Einspruch erheben, wenn er Bedenken hat
6. Bundesregierung unterschreibt das Gesetz
7. Bundespräsident prüft und unterschreibt das Gesetz

IN DIESEM KAPITEL

Welche Bedeutung internationale Bündnisse für Deutschland haben

So funktioniert die Europäische Union

Vereinte Nationen, NATO und andere wichtige Vereinigungen

Kapitel 12
Deutschland im Kontext der Weltpolitik

Die meisten deutschen Gesetze beschließt der Bundestag. Oft muss er dabei aber europäische Gesetze oder die Einigungen internationaler Bündnisse mitberücksichtigen. Ohne Deutschlands Beziehungen zu anderen Ländern und vor allem ohne den Kontext der großen internationalen Allianzen ist deutsche Politik gar nicht zu denken.

Warum internationale Bündnisse deutsche Politik so stark prägen

Die Welt wird immer globaler. Wichtige Entwicklungen spielen sich heute weltweit ab, nicht in einzelnen Ländern. Das betrifft viele verschiedene Bereiche.

Es gibt verschiedene Arten von internationalen Bündnissen:

- ✔ Wirtschaftlich hat jedes Land Beziehungen zu anderen Ländern. Produkte entstehen selten nur in einem Land. Meistens gibt es lange Lieferketten, das heißt, einzelne Teile kommen aus anderen Ländern und auch Dienstleistungen, die für das Produkt notwendig sind, werden ausgelagert. Und natürlich importiert jedes Land Waren aus dem Ausland und exportiert andere dort hin. Es gibt deshalb **Wirtschaftsbündnisse**, aber auch in großen politischen Bündnissen Abkommen darüber, welche Regeln für die wirtschaftlichen Beziehungen der Mitglieder gelten sollen.

- **Humanitäre Bündnisse** haben das Ziel, auf weltweite Notlagen von Menschen zu reagieren, um das Leben aller Menschen lebenswerter zu machen. Die Corona-Pandemie hat besonders deutlich gezeigt, dass zum Beispiel gesundheitliche Krisen sich weltweit ausbreiten können und ein gemeinsames Handeln vieler Länder sehr sinnvoll ist, zum einen um die Krise in den Griff zu bekommen, zum anderen um an medizinischen Lösungen zu arbeiten.

- In **politischen Bündnissen** versuchen die Partner, sich über verschiedene Themenbereiche hinweg auf gemeinsame Werte, Interessen und Ziele zu einigen. Sie unterstützen sich gegenseitig und treffen wichtige Entscheidungen gemeinsam. Denn eine europaweite Entscheidung hat natürlich weltweit deutlich mehr Gewicht als die Entscheidung eines einzelnen europäischen Landes.

- Wenn es zu Krisen und Konflikten zwischen Ländern kommt, betrifft das auch die umliegenden Staaten und weitere darüber hinaus. Abgesehen von der Gefahr, dass sich Kämpfe in Grenzgebieten in die Nachbarländer ausweiten können, kommen Geflüchtete aus den Kriegsgebieten, die in anderen Ländern Hilfe suchen, wirtschaftliche Beziehungen werden beeinträchtigt und so weiter. **Militärische Bündnisse** sollen dabei helfen, kriegerische Konflikte zu kontrollieren, zu beenden oder im besten Fall von vornherein zu verhindern.

Internationale Bündnisse sind oft kompliziert. Denn nicht selten gibt es innerhalb der Bündnisse nationale Interessen, die sich widersprechen. Man muss dann Kompromisse finden – das ist Politik. Die Politiker und Politikerinnen, die auf internationaler Ebene Entscheidungen treffen, müssen sich aber in erster Linie in ihrem Land verantworten. Deshalb ist es für sie nicht leicht, zwischen nationalen und internationalen Interessen abzuwiegen.

2022 griff Russland die Ukraine an. Darauf reagierten verschiedene Bündnisse, zum Beispiel die EU und die NATO. Sich auf konkrete Maßnahmen zu einigen, fiel ihnen aber immer wieder schwer, weil es in den einzelnen Mitgliedsländern verschiedene Haltungen gab. Zwar verurteilten alle Länder den Angriff Russlands. Sowohl bei den Sanktionen gegen Russland als auch bei der Unterstützung für die Ukraine gab es aber immer wieder Streit. Aus verschiedenen Gründen: Es gab Befürchtungen, dass der Krieg sich auf andere Länder ausweiten könnte. Es gab die Angst vor eigenen wirtschaftlichen Nachteilen durch die Sanktionen gegen Russland, denn Russland reagierte seinerseits, indem es zum Beispiel kein Gas mehr lieferte. Es gab Sorgen, dass die Beziehungen zu Russland sehr langfristig zerstört werden könnten. Und es gab Streit darum, welche Länder wie viele Geflüchtete aufnehmen wollten oder konnten.

In Deutschland wurde die Bundesregierung viel kritisiert für ihre Haltung in dem Konflikt. Ein Vorwurf lautete, sie denke nicht genug an deutsche Interessen. Der Bundeskanzler dagegen betonte immer wieder, wie wichtig es sei, Entscheidungen gemeinsam mit den Bündnispartnern zu treffen. Und das stimmt, denn ein vergleichsweise kleines Land wie Deutschland hat natürlich überhaupt nicht die Mittel, um auf eine so große Krise alleine zu reagieren. Nur als Staatengemeinschaft kann es etwas ausrichten.

Globalisierung: ein Lieblingsthema für Populisten

Weltweite Entwicklungen und Krisen sind meistens kompliziert. Selten gibt es einfache Antworten darauf. Das überfordert viele Menschen und macht ihnen Angst. Diese Angst nutzen Populisten für ihre Zwecke.

Was bedeutet Populismus?

Populismus bedeutet, dass politische Strömungen versuchen, Stimmen von Wählern zu gewinnen, indem sie die politische Lage dramatisieren und Ängste der Menschen aufgreifen und weiter schüren, um sie gegen politische Konkurrenten aufzuhetzen.

Sehr gut kann man das am Beispiel der AfD nachverfolgen: Die AfD hat sich 2013 gegründet. Damals war ihr Hauptthema die internationale Finanzmarktkrise. Die Europäische Union hatte beschlossen, sehr viel Geld zu investieren, um Länder und Banken vor dem Bankrott zu retten und den Euro allgemein zu stabilisieren. Viele Menschen in Deutschland befürchteten, dass diese Hilfen für sie selbst negative Auswirkungen haben könnten. Diese Ängste nahm die AfD auf und sprach sich gegen die Hilfsmaßnahmen und gegen den Euro aus. Später, als aufgrund des Krieges in Syrien sehr viele Menschen nach Deutschland flohen, machte die AfD dieses Thema zu ihrem Schwerpunkt. Sie nutzte die Ängste der Menschen, Deutschland könne die Aufnahme der vielen Geflüchteten nicht bewältigen, um gegen die Migrationspolitik der damaligen Regierung zu hetzen, und war damit im Wahlkampf 2017 sehr erfolgreich, als sie erstmals in den Bundestag einzog. (Mehr zur AfD und ihrer Einordnung in der Parteienlandschaft erfahrt ihr in Kapitel 5 »Viele Interessen, viel Konfliktpotenzial«.)

Differenzierte Globalisierungskritik

Die Angst vor zu viel Globalisierung ist individuell verständlich. Es ist kompliziert und anstrengend, sich mit immer mehr internationalen Beziehungen, Entwicklungen und Problemen zu beschäftigen, dabei verschiedene Perspektiven zu beachten und gute Kompromisse zu finden.

Politisch findet man Globalisierungskritik in verschiedenen Lagern von links bis rechts. Es lohnt sich, differenziert darauf zu schauen. Manchen Kritikern geht es darum, kritisch zu überlegen, welche negativen Auswirkungen die Globalisierung hat und wie man dagegen vorgehen könnte. Aus solchen Überlegungen können sicherlich konstruktive Verbesserungsvorschläge entstehen.

Ein Hauptkritikpunkt vieler Globalisierungskritiker ist, dass die globalisierte Wirtschaft zu großen Ungerechtigkeiten führt. Menschen in armen Ländern produzieren zum Beispiel unter teils menschenverachtenden Arbeitsbedingungen Luxusprodukte, die Menschen in reichen Ländern sorglos konsumieren. Darauf aufmerksam zu machen und nach Lösungen zu suchen, wie man diese Ungerechtigkeiten verringern kann, ist ein guter Ansatz. Ideen sind zum Beispiel ein Lieferkettengesetz, das strenger auf die Arbeitsbedingungen entlang der ganzen Lieferkette eines Produkts schaut, oder Siegel, die dem Käufer eines Produkts anzeigen, unter welchen Bedingungen es entstanden ist.

Globalisierungsgegner aber, die am liebsten die Globalisierung prinzipiell rückgängig machen, internationale Beziehungen zurückfahren und sich auf rein nationale Interessen konzentrieren wollen, werden schwerlich konstruktive Lösungsvorschläge einbringen können.

Die Realität sieht so aus, dass die Länder dieser Welt auf vielfältige Art miteinander verknüpft sind. Sie tun gut daran, sich zusammenzutun, um global Herausforderungen gemeinsam anzugehen und zu bewältigen.

Deutschland und Europa

Europäische Bündnisse sind die naheliegendsten für Deutschland. Zum einen, weil Deutschland in Europa liegt. Zum anderen, weil Deutschland mit anderen europäischen Ländern natürlich die größten Überschneidungen hat, was Geschichte, Kultur und auch gemeinsame Werte angeht.

Die Europäische Union

Die EU ist zweifellos das wichtigste europäische Bündnis, das auch die Gesetzgebung und Politik in Deutschland am stärksten beeinflusst.

Die EU versteht sich als Wertegemeinschaft. In ihrem Gründungsvertrag steht: »Ziel der Union ist es, den Frieden, ihre Werte und das Wohlergehen ihrer Völker zu fördern.« Zu den gemeinsamen Werten gehören die Achtung der Menschenwürde und der Menschenrechte, Freiheit, Demokratie, Gleichheit und Rechtsstaatlichkeit.

Der EU gehören derzeit 27 Länder an. Insgesamt hat sie mehr als 500 Millionen Einwohner.

Die Entstehungsgeschichte der EU

Die EU selbst wurde erst 1992 gegründet. Allerdings gab es eine wichtige Vorläuferorganisation: die Europäische Gemeinschaft (EG), die anfangs Europäische Wirtschaftsgemeinschaft (EWG) hieß. Nach dem Zweiten Weltkrieg musste Europa erst wieder aufgebaut werden. Und die europäischen Länder bemühten sich gemeinsam um Frieden und wirtschaftliche Sicherheit. Ein weiteres gemeinsames Ziel war es, Deutschland, das den Krieg begonnen hatte, unter Kontrolle zu halten und langsam wieder einzugliedern in die europäische Gemeinschaft. Das wichtigste Ergebnis dieser gemeinsamen europäischen Bemühungen war 1957 die EWG. Ihr gehörten damals Frankreich, Italien, Belgien, Luxemburg, die Niederlande und die Bundesrepublik Deutschland an. Im Laufe der Jahrzehnte wuchs nicht nur die Zahl der Mitglieder immer weiter, sondern auch die Politikfelder, in denen die Vereinigung tätig war, und natürlich auch ihr Einfluss.

Die heutige EU besteht aus sieben wichtigen Institutionen:

- Das **Europäische Parlament** ist die einzige direkte Vertretung der EU-Bürger. Dort sitzen die Abgeordneten aus den Mitgliedsländern. Die wichtigsten Aufgaben des Parlaments sind die Gesetzgebung, die Festlegung des Haushalts und die Kontrolle der anderen Institutionen.

- Der **Rat der Europäischen Union** trifft viele wichtige Entscheidungen. Zum einen verabschiedet er zusammen mit dem Europäischen Parlament europäische Rechtsakte und den Haushaltsplan der EU. Zum anderen stimmt er sich aber auch über Wirtschaftsfragen ab und schließt internationale Übereinkünfte. Das Besondere am Rat ist, dass die Personen am Tisch wechseln. Er setzt sich aus den Fachministern der nationalen Regierungen zusammen. Mal treffen sich die Finanzminister der Mitgliedsstaaten, mal die Umweltminister, mal die Außenminister und so weiter. Deshalb wird der Rat umgangssprachlich auch Ministerrat genannt.

- Der **Europäische Rat** dagegen entscheidet über die politischen Leitlinien der EU-Politik, fällt Grundsatzentscheidungen und beschließt Prioritäten. Manchmal schlichtet er auch. Er ist aber nicht in die konkrete Gesetzgebung einbezogen. Der Europäische Rat besteht aus den Staats- und Regierungschefs der Mitgliedsländer, dem Präsidenten des Europäischen Rats und dem Kommissionspräsidenten.

- Die **Europäische Kommission** ist eine Art Regierung der EU. Jedes Mitgliedsland stellt ein Mitglied der Kommission. Sie werden Kommissare genannt. Die Kommissare sollen aber nicht ihr Heimatland repräsentieren, sondern die europäische Sache vertreten. Sie sind für bestimmte Bereiche zuständig, etwa Umwelt, Jugend, Wissenschaft und so weiter. An der Spitze der Kommission steht ein Präsident oder eine Präsidentin, die vom Parlament gewählt wird. Die Kommission kann neue Rechtsakte vorschlagen, entscheidet aber nicht mit darüber. Ebenso schlägt sie einen Haushaltsentwurf vor, über den Parlament und Rat dann entscheiden. Die Hauptaufgabe der Kommission ist es, die EU weiterzuentwickeln und zu kontrollieren, ob sich alle in der EU an die getroffenen Vereinbarungen und festgelegten Regeln halten.

- Der **Gerichtshof der Europäischen Union** ist das oberste rechtsprechende Organ der EU. Er stellt sicher, dass die Verträge der EU eingehalten und richtig angewandt werden.

- Die **Europäische Zentralbank** ist dafür verantwortlich, die Preise innerhalb der EU stabil zu halten und die Wirtschaftspolitik zu unterstützen.

- Der **Rechnungshof** prüft die Einnahmen und Ausgaben der EU.

Abbildung 12.1 zeigt alle EU-Institutionen.

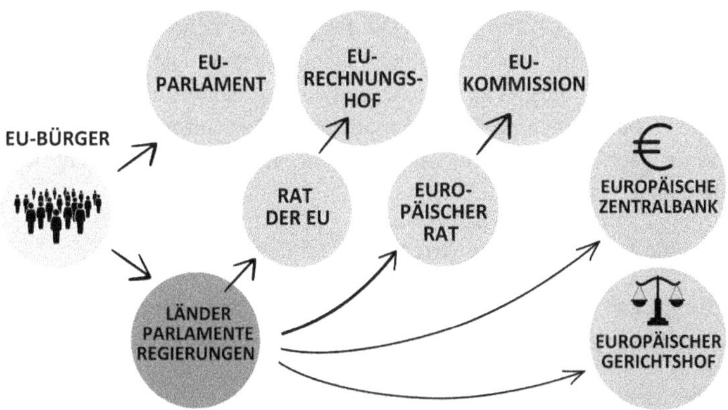

Abbildung 12.1: Die Institutionen der Europäischen Union

Die Wahl zum Europäischen Parlament

Alle fünf Jahre wählen die EU-Bürger Abgeordnete ins Parlament. Dabei wählen sie übrigens in dem Land, in dem sie leben, auch wenn sie eine andere Staatsangehörigkeit haben. Ein Franzose, der in Deutschland lebt, wählt also in Deutschland. Die Bürger wählen keine Direktkandidaten, sondern Parteien und politische Vereinigungen, die ihre Kandidaten in Listen aufstellen. Details der Wahl unterscheiden sich übrigens in den Mitgliedsländern. So gibt es in manchen Ländern Sperrklauseln, in anderen – zum Beispiel in Deutschland – nicht. Auch das Wahlalter unterscheidet sich. In Deutschland durften Jugendliche bei der Europawahl 2024 erstmals ab 16 Jahren wählen. In anderen Ländern liegt das Wahlalter weiterhin bei 18.

Wie viele Abgeordnete aus einem Land ins Europäische Parlament einziehen, richtet sich nach der Bevölkerungszahl des Landes. Da eine streng prozentuale Aufteilung aber ungerecht wäre, weil manche Länder so klein sind, dass sie dann gar nicht vertreten wären, gilt die Regel: Kein Land kann weniger als sechs oder mehr als 96 Abgeordnete haben. Insgesamt darf die Zahl der Abgeordneten 751 nicht überschreiten. Das führt dazu, dass kleinere Länder tendenziell mehr zu sagen haben, als ihnen aufgrund ihrer Bevölkerungsgröße eigentlich zustünde.

Das Besondere an der EU ist, dass sie zum einen eine internationale Organisation ist, die auf Verträgen zwischen den Mitgliedsstaaten fußt. Zum anderen ist sie aber auch fast eine Art Bundesstaat: Die Bürger aller Mitgliedsländer sind gleichzeitig EU-Bürger und haben als solche eigene Rechte. Die EU trifft Entscheidungen in vielen Politikfeldern nicht einstimmig, sondern mehrheitlich. Und EU-Rechtsverordnungen werden in manchen Fällen automatisch in allen Mitgliedsländern rechtswirksam. Wenn EU-Recht und nationales Recht sich widersprechen, geht das EU-Recht vor.

Konkret gibt es diese verschiedenen Arten von Rechtsetzung in der EU:

- **Verordnung:** Verordnungen sind im Prinzip EU-Gesetze. Sie gelten verbindlich in allen EU-Ländern.
- **Richtlinie:** Richtlinien formulieren verbindliche Ziele, die in allen Mitgliedsländern gelten. Mit welchen Maßnahmen diese Ziele konkret erreicht werden, dürfen die Länder aber selbst entscheiden. Richtlinien müssen innerhalb einer gewissen Frist in nationales Recht umgesetzt werden. Das dauert auch mal zwei oder drei Jahre.
- **Beschlüsse:** Beschlüsse sind ebenfalls verbindlich, allerdings nicht automatisch für alle Mitgliedsstaaten, sondern nur für ihre Adressaten. Das können einzelne Länder, aber auch Unternehmen oder Personen sein.
- **Empfehlungen** und **Stellungnahmen:** Sie sind, wie der Name schon sagt, nicht verbindlich, sondern Hinweise darauf, wie die EU ein Thema bewertet.

Was passiert, wenn ein Mitgliedsland eine Richtlinie nicht innerhalb der Frist umsetzt?

Dann kann die Kommission ein Verfahren am Gerichtshof einleiten. Das kommt auch tatsächlich relativ regelmäßig vor. Wenn das Land verurteilt wird und sich trotzdem weiterhin gegen die Umsetzung sperrt, kann es zu einem zweiten Verfahren kommen. Das Gericht kann dann als Strafe ein Zwangsgeld verhängen. Das wiederum ist noch nicht sehr oft passiert. Wenn die Richtlinie sehr konkret ist, kann die EU auch bestimmen, dass sie in dem betroffenen Land auch ohne nationale Rechtsprechung angewandt wird.

Aber in welchen Bereichen darf die EU eigentlich Entscheidungen für ihre Mitgliedsländer treffen?

- In manchen Bereichen darf tatsächlich nur die EU Gesetze erlassen, das nennt man »ausschließliche Zuständigkeit«. Ausschließlich entscheidet die

EU zum Beispiel, wenn es um die Währungspolitik, also um den Euro geht, um den Zoll oder Wettbewerbsregeln innerhalb der EU. Bei diesen Themen dürfen die Mitglieder keine eigenen Regeln erlassen.

- ✔ Dann gibt es die »geteilte Zuständigkeit«. In diesen Bereichen dürfen die Mitgliedsländer entscheiden, sofern es keine Vorschriften dazu seitens der EU gibt. Zum Beispiel in Fragen der Umwelt und Energie, Forschung oder Migration.
- ✔ Schließlich gibt es die »unterstützende Zuständigkeit«. Bei Themen wie Bildung, Kultur, Jugend und Sport koordiniert und ergänzt die EU die Regelungen der Mitgliedsländer.

Was passiert, wenn ein Mitgliedsland unzufrieden mit einer Entscheidung der EU ist?

Mit dem Vertrag von Lissabon wurden die Rechte der nationalen Parlamente in der EU 2009 gestärkt. Sie können seitdem Einfluss auf Gesetze der EU nehmen, wenn sie denken, die EU mische sich zu stark in nationale Angelegenheiten ein. Die Instrumente dafür heißen Subsidiaritätsrüge und die Subsidiaritätsklage.

Bevor es dazu kommt, können die nationalen Parlamente sich aber auch im »Politischen Dialog« mit Stellungnahmen direkt an die Europäische Kommission wenden. Sie versuchen so, Einfluss auf die Inhalte von Kommissionsinitiativen oder Gesetzgebungsvorhaben zu nehmen. Ein Beispiel dafür ist die Energiepolitik der EU.

Warum gilt die EU als undemokratisch?

Gute Frage eigentlich. Denn eigentlich hat die EU ja mit dem Europäischen Parlament eine direkt gewählte Vertretung. Allerdings darf dieses Parlament – im Gegensatz etwa zum Deutschen Bundestag – keine neuen Gesetze vorschlagen. Aber es beschließt die Gesetze. Und das geht immer mit ergebnisoffenen Debatten einher. Denn anders als im Bundestag gibt es im Europäischen Parlament keine klare Unterscheidung zwischen Regierung und Opposition und auch keinen Fraktionszwang. Dadurch, dass es keine festen Mehrheiten gibt, muss die Kommission für jede Gesetzesinitiative neue Überzeugungsarbeit leisten.

Und trotzdem wird die EU den Vorwurf, sie sei undemokratisch, nicht so recht los. Allerdings beschäftigt sie sich damit und versucht, dagegen anzukämpfen. Inzwischen gibt es sogar direktdemokratische Elemente in der EU: Mit Europäischen Bürgerinitiativen (EBI) können EU-Bürger sich länderübergreifend direkt beteiligen und die EU-Kommission zu neuen Gesetzgebungsinitiativen auffordern.

Europarat und Europäischer Gerichtshof für Menschenrechte

Nicht zu verwechseln mit dem Europäischen Rat oder dem Rat der EU ist der **Europarat**. Er wurde 1949 von zehn europäischen Ländern gegründet und war somit die erste europäische Organisation, die sich nach dem Zweiten Weltkrieg konstituierte. Das Ziel war, Frieden, Demokratie und Stabilität in Europa wiederherzustellen.

Deutschland trat dem Europarat ein Jahr nach seiner Gründung bei. Heute gehören dem Europarat 46 Länder an. Russland wurde 2022 wegen seines Angriffs auf die Ukraine ausgeschlossen.

Der Europarat setzt sich für Menschenrechte, Demokratie und Rechtsstaatlichkeit ein. Er hilft Mitgliedsstaaten bei der Bekämpfung von Korruption und Terrorismus sowie bei der Durchführung notwendiger Justizreformen. Zudem berät er Staaten weltweit in Verfassungsfragen.

Der Europarat fördert die Menschenrechte mithilfe internationaler Konventionen. Die Europäische Menschenrechtskonvention war 1950 das erste internationale Dokument zum Schutz der Menschenrechte. Der Europäische Gerichtshof für Menschenrechte wacht seit 1959 über ihre Einhaltung. Weitere Beispiele sind die Konvention zur Verhütung und Bekämpfung von Gewalt gegen Frauen und häuslicher Gewalt oder die Konvention gegen Computerkriminalität.

Globale Bündnisse: UNO, NATO & Co.

Neben der EU und dem Europarat gehört Deutschland vielen weiteren weltweiten Bündnissen an, die politische Diskussionen und Entscheidungen in Deutschland mitprägen. Die beiden wichtigsten und einflussreichsten sind sicherlich die UNO und die NATO.

Die UNO

UNO steht für United Nations Organization. Kurz sagt man auch nur: United Nations, UN. In der deutschen Übersetzung heißt die UNO entsprechend: Vereinte Nationen.

Die UNO wurde als globale Friedensorganisation gegründet. Sie beruht auf dem völkerrechtlichen Vertrag »Charta der Vereinten Nationen«. Inzwischen gehören ihr mit 193 Mitgliedern fast alle Staaten der Welt an. Nicht-Mitglieder sind Taiwan, Nordzypern, die Vatikanstadt, Kosovo, Palästina, (West-)Sahara und einige Pazifikinseln.

Die Vorgeschichte der UNO

Schon nach dem Ersten Weltkrieg 1918 gab es die Idee, eine Organisation zu schaffen, in der sich Staaten zusammenschließen und gegenseitig unterstützen, um Kriege zu vermeiden. Doch der sogenannte »Völkerbund« scheiterte, unter anderem weil einige wichtige Staaten wie die USA nicht mitmachen wollten. Noch während des Zweiten Weltkriegs wurde dann die Idee einer universellen »Weltpolizei« wiederbelebt: Neben den vier Großmächten China, USA, Großbritannien und der UdSSR (so hieß Russland damals) unterschrieben weitere 22 Nationen die »Erklärung Vereinter Nationen«. 1945 trat dann die »Charta der Vereinten Nationen« in Kraft, die zum damaligen Zeitpunkt von 51 Ländern unterschrieben wurde.

Die UNO hat sich zum Ziel gesetzt, einzustehen für

- ✔ Frieden auf der ganzen Welt
- ✔ internationale Sicherheit
- ✔ bessere, freundschaftlichere Beziehungen zwischen den Ländern
- ✔ internationale Zusammenarbeit an globalen Problemen
- ✔ Menschenrechte

Die Mitglieder treffen sich mindestens einmal im Jahr zur Generalversammlung, um dort Resolutionen, also schriftliche Beschlüsse zu aktuellen Themen auszuarbeiten. Diese Resolutionen sind völkerrechtlich aber nicht bindend, das heißt, die Mitgliedsländer müssen sich nicht daran halten.

Verbindlich sind dagegen die Beschlüsse des **Sicherheitsrats**. Er ist das mächtigste Organ der UNO. Er besteht aus fünf ständigen Mitgliedern: den USA, Großbritannien, Frankreich, China und Russland. Zehn weitere Mitglieder wechseln alle zwei Jahre. Im Gegensatz zu den wechselnden Mitgliedern haben die ständigen Mitglieder ein Veto-Recht, das heißt, jedes einzelne ständige Mitglied kann Beschlüsse des Sicherheitsrats verhindern.

Der Sicherheitsrat wird aktiv, wenn Bedrohungen der internationalen Sicherheit, ein Friedensbruch oder eine Angriffshandlung vorliegen. Er hat dann verschiedene Handlungsoptionen:

- Er kann zwischen den Konfliktparteien **vermitteln**.
- Er kann eigene **Untersuchungen** vor Ort anstellen.
- Er kann den Konfliktparteien **Bedingungen** vorschreiben, etwa Waffenstillstandsabkommen.
- Er kann **Sanktionen** gegen die Konfliktparteien verhängen.
- Im extremsten Fall kann der Sicherheitsrat auch **militärische Eingriffe** beschließen. Die Friedenstruppen der UNO werden wegen der blauen Mützen beziehungsweise Helme der Soldaten, die vom UNO-Logo inspiriert sind, auch »Blauhelme« genannt. Sie setzen sich aus Soldaten der Mitgliedsländer zusammen.

Seit ihrer Gründung hat die UNO mehr als 70 Friedensmissionen durchgeführt. Diese Missionen schließen militärische Tätigkeiten ein, die den Frieden sichern sollen, etwa die Sicherung von Grenzen und der Schutz der Bevölkerung. Dazu kommen aber auch noch andere Aufgaben: Die UNO-Truppen vermitteln zwischen den Konfliktparteien, überwachen Wahlen, unterstützen Länder beim Aufbau von rechtsstaatlichen Institutionen und so weiter. Missionen, die ganz ohne militärische Komponente auskommen, nennt man »besondere politische Missionen«.

An der UNO gibt es immer wieder auch viel Kritik:

- Die UNO ist nicht direkt demokratisch legitimiert. Sie hat kein demokratisch gewähltes Parlament wie etwa die EU, das Einfluss auf die Entscheidungen der UNO nehmen könnte.

- ✔ Die ständigen Mitglieder des Sicherheitsrats bilden die Weltordnung nach dem Zweiten Weltkrieg ab. Das scheint vielen nicht mehr zeitgemäß. Deshalb fordern manche Experten seit Langem, andere einflussreiche Länder oder auch die EU als ständiges Mitglied mit aufzunehmen.
- ✔ Der Sicherheitsrat muss seine Beschlüsse einstimmig treffen. Das Veto eines einzigen ständigen Mitglieds kann eine Resolution verhindern. Kritiker nennen die UNO deshalb gerne einen »zahnlosen Tiger«, weil sie schnell handlungsunfähig gemacht werden kann.

Im Syrienkrieg hat Russland mehr als zehnmal ein Veto eingelegt und so ein Eingreifen der UNO verhindert. Russland hatte enge Beziehungen zum damaligen syrischen Präsidenten Assad und nutzte seine Position im Sicherheitsrat, um ihn zu schützen.

Wie erfolgreich sind die Friedensmissionen der UNO?

Es gibt sehr unterschiedlich erfolgreiche Missionen. 1998 beschloss der Sicherheitsrat eine Friedensmission in Sierra Leone, um den Bürgerkrieg dort zu beenden. Das gelang auch. Nicht erfolgreich war dagegen die Friedensmission in Ruanda, wo die UNO-Truppen 1994 den Völkermord an 800.000 Tutsi nicht verhindern konnten.

Unterorganisationen der UNO

Die UNO hat eine Reihe großer Unterorganisationen, die weltweit für bestimmte Themenbereiche zuständig sind. Bekannte Beispiele sind etwa die World Health Organization (WHO), die sich darum bemüht, die gesundheitlichen Standards weltweit zu verbessern, das Kinder-Hilfswerk Unicef, das World Food Programme, das sich gegen Hunger einsetzt, oder die Organisation der Vereinten Nationen für Erziehung, Wissenschaft und Kultur (UNESCO).

Die NATO

Die NATO ist weltweit das wichtigste militärische Bündnis. NATO steht übersetzt für: Nordatlantische Vertragsorganisation. Gegründet wurde die NATO 1949 während des Kalten Krieges, damals in erster Linie aus Sorge vor einem Konflikt mit Russland.

Inzwischen gehören der NATO 32 europäische und nordamerikanische Länder an, die in Sicherheits- und Verteidigungsfragen zusammenarbeiten. Ziel der NATO ist es, weltweit Frieden und Demokratie, Freiheit und Rechtsstaatlichkeit zu fördern. Die NATO ist weltweit in zahlreichen Operationen und Einsätzen aktiv, um in Konfliktgebieten Probleme zu lösen, die Lage zu stabilisieren und langfristig neue Konflikte zu verhindern.

Die Beistandsklausel

Als die NATO 1949 gegründet wurde, unterschrieben alle Mitgliedsstaaten einen Vertrag, den Nordatlantikvertrag. In diesem Vertrag steht die berühmte Beistandsklausel. Die Idee dahinter ist die einer kollektiven Selbstverteidigung: Wird ein Mitglied angegriffen, betrachtet die NATO das als Angriff gegen alle Mitglieder und schreitet ein – mit politischen oder im Notfall auch mit militärischen Mitteln. Die NATO wird deshalb oft als »Verteidigungsbündnis« bezeichnet.

Bislang wurde Artikel 5 übrigens nur einmal angewendet: als Antwort auf die Terroranschläge des 11. September 2001 in den USA.

Die Mitgliedsstaaten haben sich verpflichtet, sofort zu Beratungen über militärische Maßnahmen zusammenzukommen, sobald ein Mitglied das verlangt. In regelmäßigen Treffen beschließen die Mitgliedsländer außerdem gemeinsame Richtlinien in der Verteidigungspolitik. So wurde etwa 2002 beschlossen, dass alle Mitglieder ihre Verteidigungsausgaben bis 2024 auf zwei Prozent ihres Bruttoinlandsprodukts anheben sollen.

Die neue Bedeutung der NATO angesichts des Krieges in der Ukraine

Durch den Krieg in der Ukraine, der mit Russlands Angriff auf das Land 2022 begann, hat die NATO in der öffentlichen Diskussion enorm an Bedeutung gewonnen. Seitdem wird viel über Aufrüstung und Abschreckung diskutiert. Der Begriff der Wehrhaftigkeit taucht in dem Zusammenhang oft auf. Nach Jahrzehnten der Abrüstung in Europa sehen sich nämlich viele Länder – auch Deutschland – aktuell nicht in der Lage, sich militärisch ausreichend zu verteidigen, sollte ein Krieg auf sie zukommen. Der Rückhalt des Verteidigungsbündnisses NATO bekommt durch die reale Nähe des Ukraine-Krieges eine neue Dringlichkeit.

Wie bedroht sich manche europäischen Länder durch Russlands Kriegsführung fühlen und wie aussichtsreich ihnen der Beistand der NATO erscheint, sieht man daran, dass Finnland und Schweden 2023 beziehungsweise 2024 der NATO beitraten – aus Sorge, der Ukraine-Krieg könne sich in ihre Richtung ausweiten.

Auf der anderen Seite wird von NATO-Kritikern die Ausweitung des Bündnisgebietes nach Osten in Richtung der russischen Grenze als bedrohlich wahrgenommen. Russland hat das auch als Grund für den Angriff auf die Ukraine benannt: eine Pufferzone zwischen dem NATO-Land Polen und dem eigenen Staatsgebiet zu schaffen – auch wenn es keinerlei Bedrohungen von Seiten der NATO gegen Russland gegeben hat.

Viele NATO-Mitgliedsländer fürchten nun, die NATO könnte, sollte sie in den Krieg in der Ukraine eingreifen, zur Kriegspartei werden und sämtliche Mitglieder dabei mitverhaften.

Neue NATO-Strategie

Anlässlich der »veränderten Sicherheitsumgebung« aufgrund des Ukraine-Krieges beschlossen die Mitglieder auf dem NATO -Gipfel im Juni 2022 das »NATO 2022 Strategic Concept«. Darin heißt es, die NATO solle weiterhin eine Allianz gegen den Einsatz von Nuklearwaffen bleiben. Russland wird in dem Papier als »bedeutendste und direkte Bedrohung für die Sicherheit der Verbündeten« bezeichnet.

Internationale Zusammenarbeit

Vieles, was in Deutschland politisch entschieden wird, entsteht im Kontext der internationalen Bündnisse, denen wir angehören. Die drei wichtigsten sind:

- ✔ Die **EU** ist ein Bündnis von derzeit 27 europäischen Ländern, die viele Entscheidungen gemeinsam treffen.
- ✔ Der **UNO**, die als globale Friedensorganisation gegründet wurde, gehören mit 193 Mitgliedern fast alle Staaten der Welt an.
- ✔ Die **NATO** ist weltweit das wichtigste militärische Bündnis. Es wurde 1949 während des Kalten Krieges gegründet. Heute gehören ihm 32 europäische und nordamerikanische Länder an.

Teil IV
Eure Stimme zählt – wie ihr euch einbringen könnt

IN DIESEM TEIL …

- Wahlen als wichtiger Grundstein der Demokratie
- Andere Möglichkeiten, sich politisch Gehör zu verschaffen
- Freiwilliges Engagement, mit und ohne Partei
- Formate speziell für Jugendliche
- Protest als politische Meinungsäußerung

IN DIESEM KAPITEL

Warum das Wählen wichtig ist

Wie demokratische Parlamentswahlen funktionieren

Wahlverhalten von parteitreu über taktisch bis protestwählen

Kapitel 13
Wer wählen darf und was das bringt

Mit ihrer Wählerstimme geben die Wähler den politischen Vertretern, die sie wählen, mit auf den Weg, was ihnen wichtig ist. Dass möglichst viele Menschen sich an Wahlen beteiligen, ist wichtig, damit möglichst viele verschiedene politische Meinungen Gehör finden und vertreten werden. Und weil Wahlen ein so elementarer Bestandteil unserer Demokratie sind, ist sehr genau festgelegt, wie sie auszusehen haben.

Das Prinzip Repräsentation

In Deutschland leben mehr als 80 Millionen Menschen. Sie können nicht jede einzelne Entscheidung alle gemeinsam fällen. Deshalb gibt es das Prinzip Repräsentation. Das heißt, die Menschen wählen Politiker und Parteien, die ihre Interessen vertreten, die also an ihrer Stelle und in ihrem Sinne politische Entscheidungen treffen.

Deutschland ist eine repräsentative oder parlamentarische Demokratie. Diese gewählten Vertreter sitzen als Abgeordnete in den Parlamenten. (Mehr zu den verschiedenen Politikebenen von Kommune bis Bund erfahrt ihr in Kapitel 10 »Regeln für Deutschland, die Bundesländer und die Kommunen«.) Sie haben deshalb das Recht, dort Entscheidungen zu treffen, weil sie demokratisch gewählt – man sagt auch: legitimiert – sind.

Dieser Auftrag ist immer zeitlich begrenzt. Denn nach einer bestimmten Zeit sollen die Wähler die Chance bekommen, zu überprüfen, ob diejenigen, die sie gewählt haben, ihre Interessen auch wirklich in ihrem Sinne vertreten haben. Wenn sie das nicht so empfinden, dann können sie bei der nächsten Wahl jemand anderen wählen.

Man hört oft die Forderung nach direkter Demokratie. In der politischen Theorie war die direkte Demokratie ursprünglich ein Gegenentwurf zur repräsentativen Demokratie. Die Idee war, dass es keinen Unterschied zwischen Regierten und Regierenden geben sollte. In der Praxis ist es heute aber so, dass Elemente der direkten Demokratie in die parlamentarische Demokratie integriert werden. (Welche Möglichkeiten der direkten Demokratie es in Deutschland gibt, lest ihr in Kapitel 14 »Partizipation: Möglichkeiten, gehört zu werden«.)

Wie Parlamentswahlen funktionieren

Im Grundgesetz sind die fünf wichtigen Merkmale der Bundestagswahl festgehalten, die auch für andere parlamentarische Wahlen in Deutschland gelten. Man nennt sie auch die Wahlgrundsätze: Der Bundestag muss »in allgemeiner, unmittelbarer, freier, gleicher und geheimer Wahl gewählt« werden.

Was bedeutet das?

- ✔ **Allgemeine** Wahl: Alle Staatsbürger ab einem festgelegten Alter dürfen wählen – unabhängig davon, welches Geschlecht sie haben, wie viel sie verdienen, wie gebildet sie sind, welche politischen Überzeugungen sie haben und so weiter.
- ✔ **Unmittelbare** Wahl: Die Bürger wählen direkt die Politiker und Parteien, die sie vertreten. Es gibt kein zwischengeschaltetes Gremium (wie beispielsweise die Bundesversammlung, die den Bundespräsidenten wählt).
- ✔ **Freie** Wahl: Die Wähler sollen sich eine eigene Meinung bilden und frei entscheiden. Niemand darf sie dabei unter Druck setzen. Das bedeutet auch, dass man sich gegen das Wählen entscheiden kann, niemand kann dazu gezwungen werden.
- ✔ **Gleiche** Wahl: Jede Stimme zählt gleich viel. Um das sicherzustellen, wird der Bereich, in dem gewählt wird, in Wahlkreise aufgeteilt. In jedem Wahlkreis leben etwa gleich viele Menschen.

- **Geheime** Wahl: Es wird sichergestellt, dass niemand sieht, was ein anderer Wähler auf dem Stimmzettel ankreuzt. Deshalb gibt es Wahlkabinen. Und deshalb muss der Wahlzettel gefaltet in die Urne geworfen werden, sodass nicht erkennbar ist, was darauf steht.

In Scheindemokratien werden oft freie Wahlen vorgetäuscht. In der DDR zum Beispiel bekamen die Bürger zwar Wahlzettel ausgeteilt. Es gab auch Wahlkabinen. Wer die aber nutzte, machte sich verdächtig, nicht für die Regierungspartei zu stimmen, und musste mit unangenehmen Konsequenzen rechnen. Wenn es dagegen vorgeschrieben ist, seine Stimme im Geheimen abzugeben, kann es zu dieser Art der Kontrolle nicht kommen.

So läuft eine Wahl ganz konkret ab

Wenn ihr wahlberechtigt seid, durchlauft ihr bei einer Wahl folgende Schritte:

1. Ihr bekommt etwa 4-6 Wochen vor dem Wahltermin eine **Wahlbenachrichtigung**, in der steht, wann die Wahl stattfindet und wo euer Wahllokal ist.
2. Wenn ihr am Tag der Wahl nicht ins Wahllokal gehen könnt, beantragt ihr vorab Briefwahlunterlagen. Ihr bekommt dann euren persönlichen Wahlschein und den Stimmzettel per Post zugeschickt und könnt ihn ausgefüllt in den Briefkasten stecken.
3. Wenn ihr keine Briefwahl beantragt habt, geht ihr am Tag der Wahl in euer **Wahllokal**, das von 8 bis 18 Uhr geöffnet ist.
4. Dort wird überprüft, ob ihr im **Wahlregister** eingetragen und damit tatsächlich wahlberechtigt seid.
5. Ihr bekommt einen oder mehrere **Stimmzettel**.
6. Damit geht ihr in die **Wahlkabine**, wo ihr den Stimmzettel ausfüllt.
7. Dann werft ihr den Stimmzettel zusammengefaltet in eine **Wahlurne**.

Wahllokale sind meistens in öffentlichen Gebäuden wie Schulen oder Gemeindehäusern, die an Sonntagen nicht genutzt werden und auf die die jeweilige Gemeinde deshalb unkompliziert zugreifen kann.

Die Menschen, die ein Wahllokal betreuen, die überprüfen, dass dort alles geregelt abläuft, und die nach der Wahl auch die Stimmzettel auszählen, nennt man **Wahlhelfer**. Sie machen das ehrenamtlich. Jeder, der wahlberechtigt ist, kann sich freiwillig als Wahlhelfer melden. Die Wahlhelfer bekommen vor der Wahl eine Schulung, in der ihnen genau erklärt wird, worauf sie achten müssen. Bei jeder Bundestagswahl sind hunderttausende Wahlhelfer im Einsatz.

Wer sich mal anschauen will, wie das Auszählen genau funktioniert, kann das tun: Die Auszählung der Stimmzettel nach der Wahl ist öffentlich. Jeder (auch Kinder und Jugendliche, die noch nicht wahlberechtigt sind) kann kommen und zuschauen, solange er den Vorgang nicht stört.

Wäre digitales Wählen nicht viel einfacher?

Darüber wird seit Langem diskutiert. Befürworter denken, digitale Wahlen könnten die Wahlbeteiligung gerade bei jungen Leuten steigern und Barrieren verringern. Außerdem wären sie weniger aufwendig und kostengünstiger.

Estland war 2005 das erste Land, das landesweite Wahlen digital hat durchführen lassen. In Deutschland fand sich dafür aber bisher keine Mehrheit. Man befürchtet, digitale Wahlen könnten gehackt werden. Zudem könnte der Vorwurf laut werden, die Wahlen seien digital anfälliger für Manipulation. Das Bundesverfassungsgericht urteilte übrigens 2009, Wahlautomaten seien nicht zulässig, weil die Wahlen dann nicht mehr für alle nachvollziehbar wären.

Kritik an der Briefwahl

Früher musste man begründen, warum man nicht persönlich wählen gehen kann, zum Beispiel wegen der Arbeit oder einer Reise. Heute ist es sehr einfach, Briefwahl zu beantragen. Deshalb tun das auch immer mehr Menschen. An dieser Entwicklung gibt es auch Kritik, denn eigentlich ist die Idee ja, dass alle Menschen am gleichen Tag wählen – und nicht schon Tage oder sogar Wochen vor dem eigentlichen Wahltag. Denn so können neue Entwicklungen gegebenenfalls nicht mehr berücksichtigt werden. Außerdem kann bei der Briefwahl natürlich nicht abgesichert werden, dass der Wähler seinen Stimmzettel alleine ausfüllt.

Verschiedene Wahlsysteme

In Deutschland werden regelmäßig die Abgeordneten des Bundestages, der Landtage, der Kommunalparlamente und des Europaparlaments gewählt. Wie diese Wahlen im Einzelnen ausgeformt sind, kann sich unterscheiden. Das liegt an den unterschiedlichen Wahlsystemen.

Unterschiede tauchen dabei gegebenenfalls in diesen Bereichen auf:

- ✔ Art der **Kandidatur:** Kandidieren einzelne Politiker direkt oder Parteien, die ihre Kandidaten in Listen benennen?
- ✔ Aufteilung der **Stimmen:** Wie viele Stimmen darf der Wähler vergeben?
- ✔ **Verrechnungsverfahren:** Wie werden die Stimmen auf die Sitze im jeweiligen Parlament verrechnet? Per Mehrheits- oder Verhältnisprinzip? Was passiert mit Überschuss- oder Reststimmen?
- ✔ Unterteilung eines Wahlgebiets in **Wahlkreise:** In wie viele und wie große Wahlkreise wird das Gebiet unterteilt?

Die Bundestagswahl

Der Deutsche Bundestag wird in der Regel alle vier Jahre neu gewählt. Die Wähler bekommen bei der Wahl zwei Stimmen. Das liegt daran, dass die Bundestagswahl nach einem personalisierten Verhältniswahlrecht funktioniert, also verschiedene Wahlsysteme miteinander kombiniert:

- ✔ Mit der **Erststimme** wählen die Wähler einen Politiker aus ihrem Wahlkreis. Bei der Erststimme wird nach dem **Mehrheitswahlrecht** entschieden: Der Kandidat mit den meisten Stimmen gewinnt das Mandat.
- ✔ Mit der **Zweitstimme** wählen die Wähler eine Partei. Die Parteien stellen für jedes Bundesland Landeslisten mit Kandidaten auf, die sie gerne in den Bundestag schicken möchten. Die Auswertung der Zweitstimmen funktioniert nach dem **Verhältniswahlrecht**: Es wird ausgerechnet, wie viele Stimmen die verschiedenen Parteien anteilig bekommen haben und wie viele Sitze ihnen deshalb prozentual im Bundestag zustehen.

Abbildung 13.1 zeigt, wie die Wählerstimmen bei der Bundestagswahl verteilt werden.

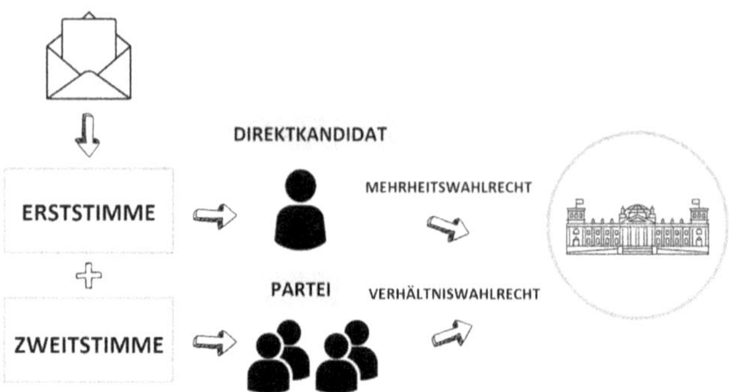

Abbildung 13.1: Mit der Erststimme wählen die Bürger bei der Bundestagswahl einen Politiker, mit der Zweitstimme eine Partei

Was passiert, wenn eine Partei mehr Plätze über die Erststimme gewinnt als ihr eigentlich nach dem Verhältnis der Zweitstimmen zusteht?

Das kommt tatsächlich relativ oft vor. Früher zogen diese Direktkandidaten mit sogenannten Überhangsmandaten in den Bundestag. Zum Ausgleich bekamen die anderen Parteien Ausgleichsmandate, damit ihnen kein Nachteil entstand. Dadurch wurde der Bundestag aber immer größer. Nach der Wahl 2021 erreichte er mit 736 Abgeordneten einen Höchststand. Das wurde viel kritisiert, weil der Bundestag dadurch immer teurer wurde und es natürlich mit mehr Abgeordneten auch nicht leichter wird, zu Entscheidungen zu kommen. Deshalb gab es 2023 eine Wahlrechtsreform. Die Regeln wurden geändert: Überhangs- und Ausgleichsmandate wurden abgeschafft. Jetzt dürfen nur noch so viele Abgeordnete für eine Partei in den Bundestag, wie nach dem Verhältnis der Zweitstimmen errechnet wurde. Damit kann die Zahl der Abgeordneten künftig auf 630 begrenzt werden. Die neue Regelung kann allerdings dazu führen, dass ein Direktkandidat, der in seinem Wahlkreis die meisten Stimmen bekommen hat, trotzdem nicht in den Bundestag einziehen kann.

Was ist eine Sperrklausel?

Um in den Bundestag einzuziehen, braucht eine Partei mindestens fünf Prozent der Zweitstimmen. So eine Mindestgrenze nennt man Sperrklausel. Sie soll verhindern, dass zu viele sehr kleine Parteien im Parlament sitzen und Mehrheitsentscheidungen dadurch erschwert werden.

Bei der Wahl zum Europaparlament gibt es übrigens derzeit in Deutschland keine Sperrklausel (in anderen europäischen Ländern schon). Deshalb sitzen dort auch wesentlich mehr Parteien für Deutschland als im Bundestag. Es wird schon eine ganze Weile überlegt, das zu ändern.

Wer darf wählen?

Wählen darf, wer das sogenannte aktive Wahlrecht hat. Dass die Parlamentswahlen in Deutschland allgemein sind, bedeutet zwar im Prinzip, dass jeder wählen darf. Aber ein paar kleine Einschränkungen gibt es für dieses »jeder« dann doch. Die größte ist die Altersgrenze.

Bei der Bundestagswahl dürfen junge Menschen ab 18 wählen. In einigen Bundesländern dürfen Jugendliche bei den Landtags- und Kommunalwahlen schon ab 16 wählen. Und auch für die Europawahl wurde die Altersgrenze für die Wahl 2024 von 18 auf 16 herabgesetzt.

Viele Jugend-Interessensvertreter und auch viele Parteien fordern seit Langem, das Wahlalter auch für die Bundestagswahl auf 16 zu senken (manche plädieren sogar für ein Wahlalter von 14 Jahren). Zuletzt befasste sich eine Wahlrechtskommission in den Jahren 2022 und 2023 ausgiebig mit diesem Thema. Die Koalition aus SPD, Grünen und FDP, die die Kommission ins Leben gerufen hatte, befürwortete das Wählen ab 16 und entsprechend fiel auch die Empfehlung der Wahlrechtskommission aus. Da das Wahlalter für die Bundestagswahl aber im Grundgesetz festgeschrieben ist, braucht es eine Zweidrittelmehrheit im Bundestag, um es zu ändern. Die fand sich bisher nicht. Das Wahlalter für die Europawahl konnte leichter gesenkt werden, da dafür eine einfache Mehrheit reichte.

Bei der Bundestagswahl dürfen außerdem nur deutsche Staatsbürger wählen. Anders ist das auf der Kommunalebene und bei der Wahl zum Europaparlament: Hier dürfen auch Bürger anderer EU-Länder wählen, die in Deutschland leben.

Kann man sein Recht zu wählen verwirken?

Von Wahlen ausgeschlossen werden im Prinzip nur Menschen, denen die Mündigkeit offiziell abgesprochen ist. Straftäter zum Beispiel behalten ihr Wahlrecht, auch wenn sie zum Zeitpunkt der Wahl im Gefängnis sitzen. Ihnen kann nur dann durch einen richterlichen

Beschluss das Wahlrecht entzogen werden, wenn sie ganz bestimmte Straftaten begangen haben. Dazu zählt zum Beispiel Hochverrat, Wahlfälschung, Abgeordnetenbestechung oder die Verbreitung von Propagandamitteln für eine verfassungsfeindliche Organisation.

Wer darf gewählt werden?

Der Begriff passives Wahlrecht bedeutet, dass eine Person für ein politisches Amt kandidieren darf. In der Regel dürfen bei einer Wahl alle die kandidieren, die auch wahlberechtigt sind. Bei der Bundestagswahl müssen die Kandidaten 18 Jahre alt sein, bei Kommunalwahlen ab 16 dürfen auch schon 16-Jährige kandidieren.

Für einige wenige politische Ämter gibt es zusätzliche Regelungen. Um zum Bundespräsidenten gewählt zu werden, muss man zum Beispiel das 40. Lebensjahr vollendet haben.

Parteien müssen zur Wahl zugelassen werden, bevor sie auf dem Stimmzettel erscheinen. Auch dafür gibt es bei unterschiedlichen Wahlen verschiedene Kriterien.

Bei der Bundestagswahl darf eine Partei ungeprüft teilnehmen, wenn sie seit der letzten Wahl ununterbrochen mit mindestens fünf Abgeordneten im Bundestag oder in einem Landtag vertreten war. Andernfalls muss sie beim Bundeswahlleiter innerhalb einer bestimmten Frist anmelden, dass sie kandidieren will. Der Bundeswahlausschuss prüft dann, ob diese Partei im rechtlichen Sinne auch wirklich eine Partei ist.

(Mehr dazu, welche Kriterien eine Partei erfüllen muss, um als Partei anerkannt zu werden, lest ihr in Kapitel 5 »Viele Interessen, viel Konfliktpotenzial«.)

Was macht der Bundeswahlleiter?

Der **Bundeswahlleiter** passt auf, dass bei der Bundestagswahl alles seinen korrekten Gang geht. So erfasst er unter anderem alle wahlberechtigten Bürger in einem Wählerverzeichnis. Außerdem ermittelt er das vorläufige und das endgültige Wahlergebnis und gibt beide bekannt.

Bei seiner Arbeit wird der Bundeswahlleiter vom Bundeswahlausschuss unterstützt, dessen Chef der Bundeswahlleiter ist. Der Bundeswahlleiter wird vom Bundesinnenminister ernannt. Traditionell übernimmt der Präsident des Statistischen Bundesamtes diese Aufgabe.

Auf Landesebene gibt es eigene Wahlleiter, die die Landtagswahlen überwachen.

Bei der Europawahl dürfen übrigens nicht nur Parteien antreten, sondern auch sonstige politische Vereinigungen. Auch sie müssen bestimmte Bedingungen erfüllen, aber wesentlich weniger strenge. Deshalb findet man auf dem Stimmzettel für die Europawahl auch Organisationen, die man von Bundestagswahlen nicht kennt.

Große Entscheidung: Unterschiedliches Wahlverhalten

Früher war es wesentlich gängiger, sich mit einer Partei zu identifizieren und sie über lange Zeit bei jeder Wahl zu wählen. Heute gibt es mehr Wechselwähler, die sich von Wahl zu Wahl neu entscheiden, wem sie ihre Stimme geben. Deshalb schaut man auch immer interessiert auf die sogenannten Wählerwanderungen: Wer ist im Vergleich zur letzten Wahl von welcher Partei zu welcher anderen gewandert – und warum?

Wen man wählt, kann man nach unterschiedlichen Gesichtspunkten entscheiden. Man kann sich natürlich anschauen, was in den Wahlprogrammen der Parteien steht, und dann überlegen, welche politischen Ziele und Vorhaben man am meisten teilt. Man kann sich zudem anschauen, wer für die jeweiligen Parteien kandidiert, und darüber nachdenken, ob man diesen Kandidaten zutraut, die eigenen Interessen gut zu vertreten.

Viele Menschen wählen auch **strategisch**. Das bedeutet, sie schauen auf die Wahlprognosen und denken über verschiedene Szenarien nach, zum Beispiel über mögliche Koalitionen. Am Ende wählen sie unter Umständen nicht die Partei, die sie am besten finden, sondern aus strategischen Gründen eine, von der sie denken, dass sie realistische Chancen hat, eine bestimmte Koalition zu bilden oder eine andere zu verhindern.

Tea identifiziert sich eigentlich mit den Zielen von Partei A am meisten. Noch wichtiger, als dass Partei A ins Parlament kommt, ist ihr aber, dass Partei B, die Tea furchtbar findet, auf keinen Fall in Regierungsverantwortung kommt. Weil Partei B und Partei C Kopf an Kopf liegen, wählt Tea Partei C, um zu verhindern, dass Partei B die meisten Stimmen bekommt.

Strategisch wählen birgt immer ein Risiko. Denn Wahlprognosen sind eben nur Prognosen, also Vorabschätzungen. Ob sie sich bewahrheiten, zeigt sich erst bei der Wahl. Und wenn viele Menschen aus strategischen Gründen anders wählen, als sie sonst wählen würden, kann das die Schätzungen ordentlich durcheinanderbringen.

Eine besondere Wahlentscheidung ist das **Protestwählen**. Dabei wählen Menschen entweder gar nicht oder Spaßparteien, die keine Chance haben, wirklich ins Parlament zu kommen, oder aber extremistische Parteien, um ihrem Unmut über die anderen Parteien deutlich Ausdruck zu verleihen. So eine Entscheidung sollte man sich wirklich gut überlegen. Denn eigentlich ist eine Wahl eine Entscheidung für etwas und nicht dagegen. Die eigene Stimme zu verschenken an eine Partei, die man gar nicht wirklich an der Macht sehen will, nur um den anderen eine Lektion zu erteilen, ist ein hohes Risiko. Und eben auch eine vertane Chance, positiv mitzugestalten.

Ist es sinnvoll, eine Partei zu wählen, die gar keine realistischen Chancen hat, ins Parlament zu kommen?

Gute Frage. Es gibt viele kleine Parteien, die zu Wahlen antreten, bei denen aber einigermaßen vorhersehbar ist, dass sie die Fünf-Prozent-Hürde nicht überwinden werden. Trotzdem entscheiden manche Menschen sich dafür, ihnen ihre Stimme zu geben. Anders als beim Protestwählen tun sie das, um zum Ausdruck zu bringen, dass sie die Ziele dieser kleinen Parteien unterstützen und gerne von ihnen vertreten werden würden. Einerseits verschenken sie damit ihre Stimme, statt eine Fraktion im Parlament zu stärken. Andererseits zeigen sie damit, dass sie sich neue Ansätze wünschen, und geben neueren, kleineren Parteien die Chance, bekannter zu werden und langsam zu wachsen.

Warum Menschen nicht wählen gehen

Bei jeder Wahl gibt es Wahlberechtigte, die keine Stimme abgeben. Mal mehr, mal weniger. Bei den Bundestagswahlen ist die Wahlbeteiligung im Vergleich zu anderen Ländern relativ hoch. Besonders hoch war sie in den 1950er- und

1960er-Jahren, als regelmäßig zwischen 85 und 90 Prozent der Wahlberechtigten zur Wahl gingen. Die höchste Zahl wurde bei der Bundestagswahl 1972 erreicht: 91,1 Prozent. Seitdem liegt sie im Schnitt leicht unter 80 Prozent. 2021 beteiligten sich 76,6 Prozent an der Bundestagswahl.

Bei den Landtagswahlen, den Kommunalwahlen und vor allem bei den Wahlen zum Europäischen Parlament ist die Wahlbeteiligung deutlich niedriger.

In den ostdeutschen Bundesländern ist die Beteiligung bei allen Parlamentswahlen in der Regel geringer als in den westdeutschen. Eine Ausnahme war die allererste freie Wahl in der DDR nach dem Fall der Mauer: An der Wahl zur Volkskammer im März 1990 nahmen 93,4 Prozent teil.

Insgesamt lässt sich beobachten – und das ist ja auch ganz logisch –, dass die Wahlbeteiligung höher ist, wenn im Wahlkampf große Themen behandelt werden, die viele Menschen bewegen, und wenn die Parteien dazu sehr unterschiedliche Meinungen haben. Denn dann macht es in den Augen der Wähler natürlich einen größeren Unterschied, wie die Wahl ausgeht.

Warum entscheiden sich aber dennoch bei jeder Wahl Menschen, auf ihr Wahlrecht zu verzichten?

- ✔ Sie interessieren sich nicht für Politik und messen der Wahl keine große Bedeutung bei.
- ✔ Sie glauben, dass ihre Stimme nichts verändern kann.
- ✔ Sie wollen zum Ausdruck bringen, dass sie mit dem politischen System oder mit den politischen Kräften, die das Geschehen aktuell bestimmen, unzufrieden sind.
- ✔ Sie fühlen sich durch keine der antretenden Parteien gut vertreten.

Die Frage, warum Menschen nicht wählen gehen, beschäftigt die Politikwissenschaft sehr. Deshalb gibt es einige Studien dazu. Und die haben gezeigt: Je ärmer ein Wahlkreis oder ein Stadtteil ist, desto niedriger fällt die Wahlbeteiligung dort aus. Weil die Menschen dort nicht die gleichen Möglichkeiten haben, sich mit den Themen der Wahl zu beschäftigen, zum Beispiel weil sie Sprachbarrieren haben oder weil sie sehr viel arbeiten und schlicht keine Zeit haben. Und sicher auch weil sie weniger daran glauben, dass ihre Stimme einen Unterschied macht und dass sich durch Wahlen für sie persönlich etwas verbessern kann.

Das ist eine sehr wichtige Erkenntnis, denn sie zeigt, dass Menschen in sozial schwächeren Situationen seltener von ihrem Recht Gebrauch machen, ihre

Gesellschaft mitzugestalten. Das ist ein Problem, denn auch und gerade die Menschen, denen es schlechter geht, sollen ja von der Politik vertreten werden.

Gibt es eigentlich Alternativen zum Prinzip Wahlen?

Ja. Kritiker von Wahlen meinen, sie verleiteten Politiker dazu, sich vor allem auf den Wahlkampf zu konzentrieren, um zum Zug zu kommen, und dabei Dinge zu versprechen, die sie später nicht halten. Deswegen nehme das Misstrauen der Menschen gegen Politiker und gegen die Demokratie allgemein zu. Eine Alternative zu der Idee, dass Menschen für politische Ämter kandidieren, ist der Ansatz, dass sie per Zufallsprinzip, per Los dafür ausgesucht werden. Bürgerräte funktionieren so: Bürger werden zufällig dafür ausgelost, und wenn sie die Aufgabe annehmen, arbeiten sie sich unter Anleitung in das Thema ein. In der Geschichte finden sich vom antiken Athen bis in die Renaissance auch immer wieder Modelle dieser Grundidee. Hauptargumente dafür sind zum einen, dass zufällig ausgeloste Politiker weniger anfällig für Wählertäuschung und Korruption sind, weil sie nicht auf die nächsten Wahlen schauen, sondern sich ganz auf die inhaltlichen Themen konzentrieren können. Zum anderen glauben die Befürworter, dass dieser Ansatz gerechter wäre und für mehr Vielfalt sorgen würde, weil Politiker nicht mehr auf gute Beziehungen innerhalb ihrer Partei angewiesen wären. Ein wichtiges Gegenargument ist natürlich, dass Menschen ohne Erfahrung in sehr verantwortungsvolle Positionen kämen.

(Mehr zum Thema Bürgerräte lest ihr in Kapitel 14 »Partizipation: Möglichkeiten, gehört zu werden«.)

IN DIESEM KAPITEL

- Direkter Austausch mit Politikern
- Interessensvertretungen speziell für junge Menschen
- Wie Petitionen funktionieren
- Direkte Demokratie in Deutschland

Kapitel 14
Partizipation: Möglichkeiten, gehört zu werden

Wählen zu gehen, ist eine Möglichkeit der Mitbestimmung in einer Demokratie – aber eben nur eine und noch dazu eine begrenzte. Denn wählen dürfen nur Staatsbürger ab einem bestimmten Alter. Und auch nur zu bestimmten Zeitpunkten. In diesem Kapitel geht es darum, wie ihr euch darüber hinaus politisch Gehör verschaffen könnt.

Partizipation bedeutet Mitmachen

Beteiligung fängt da an, wo ihr eure Meinung zu Fragen, die die Allgemeinheit betreffen, äußert und mit anderen darüber diskutiert. Denn dabei bildet ihr nicht nur eigene Haltungen heraus, sondern tragt auch mit zur Meinungsbildung der Gesellschaft bei.

Eine Demokratie wird nur dann lebendig, wenn die Menschen, die in ihr leben, sie aktiv mitbestimmen. Dafür gibt es viele verschiedene Möglichkeiten: Ihr könnt euch dauerhaft einbringen, zum Beispiel in der Jugendorganisation einer Partei, oder nur ganz punktuell, zum Beispiel auf einer Demonstration. Ihr könnt euch für ein bestimmtes Thema stark machen, das euch interessiert, oder versuchen, bei einer großen Breite an Themen mitzureden. Dabei könnt ihr euch auf eure Kommune konzentrieren oder aber auf ganz Deutschland oder Europa blicken.

Partizipation beschränkt sich übrigens nicht auf staatliche Fragen: Auch wenn ihr zum Beispiel an eurer Schule oder an der Uni, im Ausbildungsbetrieb an gemeinsamen Entscheidungen mitwirkt, ist das demokratische Beteiligung.

Kann man Partizipation lernen?

Unbedingt! Und zwar am besten von klein an. Deshalb gibt es immer mehr Beteiligungsprojekte schon in Kindergärten. Denn so erleben Kinder im Kindergarten und später in der Schule, dass sie mitgestalten können. Sie merken dabei, dass es gar nicht so leicht ist, sich mit anderen auf Kompromisse zu einigen, und lernen, wie es vielleicht trotzdem ganz gut gelingen kann. Wer solche Beteiligungsprozesse früh erlebt, der wird sie wahrscheinlich auch in anderen Bereichen einfordern und sich einbringen.

Digitale Partizipation

Das Internet hat die Möglichkeiten, sich zu beteiligen, um neue Formate erweitert. In allen Bereichen der Partizipation gibt es inzwischen auch digitale Angebote, zum Beispiel Online-Umfragen und -Ideensammlungen unter Bürgern, Bürgerinitiativen im Netz, E-Demonstrationen oder Social-Media-Kampagnen, bei denen sich jeder einbringen kann.

Mit Politikern sprechen

Von Menschen, die von der Politik frustriert sind, hört man oft den pauschalen Klischee-Satz: »Die Politiker interessieren sich doch gar nicht dafür, was die Bürger denken.« Das ist in sehr vielen Fällen Quatsch. Tatsächlich geben sich die meisten Politiker große Mühe, in den Austausch mit vielen Menschen zu kommen und freuen sich über Input auch gerade von jungen Leuten.

Diese Angebote gibt es zum Beispiel, um mit Politikern ins Gespräch zu kommen:

- ✔ **Bürgersprechstunde:** Sowohl Bundestagsabgeordnete als auch Landtagsabgeordnete und Kommunalpolitiker bieten regelmäßig Sprechstunden an, bei denen jeder kommen und über jedes Thema, das ihn beschäftigt, sprechen kann. Viele Politiker berichten, dass ihre Sprechstunden gar nicht so oft genutzt werden, und finden das schade.

- **Besuche in politischen Institutionen:** Der Bundestag, Landtage, Rathäuser – sie alle bieten Tage der offenen Tür und regelmäßige Besuchsmöglichkeiten an, die oft auch offene Gesprächsrunden mit Politikern beinhalten.
- **Bürgerbeteiligung:** Verschiedene Formate der Bürgerbeteiligung sind zum Beispiel Bürgerdialoge, Runde Tische, Zukunftswerkstätten, Bürgerversammlungen, Foren, …
- **Einwohneranfragen:** Vielerorts könnt ihr euch mit schriftlichen Fragen und Anliegen direkt an den Bürgermeister oder Stadtrat wenden.

Neben diesen institutionalisierten Möglichkeiten des Dialogs kann man natürlich auch individuell auf Politiker zugehen und ihnen Gesprächsangebote machen.

Ladet Politiker zu Gesprächsrunden an eure Schule oder in euren Verein ein. Fragt sie für ein Interview eurer Schülerzeitung an. Oder bittet sie, euren Jugendclub zu besuchen.

Eine Idee, viele Unterstützer: Petitionen

Eine besondere Möglichkeit, eigene Ideen der Politik vorzustellen, sind Petitionen.

Das Recht jedes Menschen, sich mit einer Petition an die zuständige staatliche Stelle zu wenden, ist in Deutschland sogar im Grundgesetz festgehalten. Den Müttern und Vätern des Grundgesetzes war es wichtig, sicherzustellen, dass die Menschen sich direkt beschweren, auf Missstände aufmerksam machen und Ideen einbringen können. Das Petitionsrecht gilt auch nicht nur für Staatsbürger oder Erwachsene, sondern wirklich für jeden Menschen.

Wie Petitionen funktionieren

Petitionen sind Bitten, Beschwerden oder Vorschläge, die sich an die zuständige politische Institution richten, also zum Beispiel an den Bundestag oder das Parlament des jeweiligen Bundeslandes.

Eine Petition können einzelne Personen, aber auch Bürgerinitiativen, Verbände oder Vereine einbringen. Das muss schriftlich geschehen. Zur Idee der Petition gehört, dass andere Menschen sie mit ihrer Unterschrift unterstützen können. Je mehr Unterschriften eine Petition hat, desto mehr Gewicht hat sie natürlich auch und desto mehr öffentliche Aufmerksamkeit bekommt sie.

Unabhängige Petitionsplattformen

Neben den Petitionsplattformen des Bundestages und der Landesparlamente gibt es auch unabhängige Petitionsplattformen wie zum Beispiel change.org. Auch sie veröffentlichen Petitionen und sammeln Unterschriften. Der Unterschied ist, dass diese Petitionen nicht automatisch bei der zuständigen staatlichen Stelle landen und dort behandelt werden. Dessen sollte man sich bewusst sein. Der Vorteil an den unabhängigen Plattformen ist, dass sie oft mit ihren Strukturen für Aufmerksamkeit sorgen und so zusätzliche Unterschriften erzeugen. Oft übergeben Vereine oder Verbände, die ihre Petitionen über eine unabhängige Plattform haben laufen lassen, sie dann anschließend öffentlich an eine politische Stelle.

Mehr als 1,6 Millionen Menschen unterzeichneten eine Petition, die verlangt, dem AfD-Politiker Björn Höcke aufgrund seiner rechtsextremen Aussagen das passive Wahlrecht zu entziehen. Er könnte dann nicht mehr für ein politisches Amt kandidieren. Diese Petition übergaben die Initiatoren dem Bundestag – symbolisch zusammen mit einem überlebensgroßen Grundgesetz.

Auf kommunaler Ebene werden Petitionen entsprechend an Kommunalpolitiker übergeben: So wird zum Beispiel die Petition zur Erhaltung des örtlichen Freibads an den Bürgermeister, Forderungen zum Lehrplan an den zuständigen Kultusminister übergeben.

Was passiert mit einer Petition im Bundestag?

Der Deutsche Bundestag hat eine eigene Plattform für Petitionen: **epetition.bundestag.de**. Dort kann man sich registrieren und dann Petitionen hochladen und auch andere Petitionen unterzeichnen. Alternativ kann man eine Petition auch per Brief oder Fax an den Bundestag schicken.

Man kann beim Bundestag öffentliche und nicht-öffentliche Petitionen einreichen. Bei nicht-öffentlichen Petitionen geht es meistens um persönliche Anliegen. Oft sind das Beschwerden, mit denen jemand vor Ort nicht weitergekommen ist: Eine Sozialleistung wurde falsch berechnet, ein besonderer Rollstuhl wurde nicht genehmigt, jemand fühlt sich durch Fluglärm belästigt oder dergleichen. Diese nichtöffentlichen Petitionen werden vom Bundestag behandelt, aber nicht auf der Plattform veröffentlicht und für Unterschriften freigegeben.

Wenn eine Petition beim Bundestag eingegangen ist, passiert damit Folgendes:

1. Die Petition wird an den Petitionsausschuss des Bundestages weitergeleitet.
2. Der Petitionsausschuss prüft, ob der Bundestag für das Thema zuständig ist. Ist er nicht zuständig, so bemüht er sich, die Petition an die richtige Stelle weiterzuleiten, zum Beispiel an ein Landesparlament oder eine Behörde.
3. Ist der Bundestag zuständig, dann schickt der Petitionsausschuss die Petition an die Bundesregierung und bittet sie, dazu Stellung zu nehmen.
4. Der Petitionsausschuss beschäftigt sich mit der Petition. In der Regel werden mehrere Petitionen in einer Sitzung des Ausschusses gesammelt bearbeitet. Wenn eine Petition aber besonders viele Unterstützer hat, nämlich mehr als 50.000, dann wird der Petent, also der Einreicher der Petition zu einer öffentlichen Ausschuss-Sitzung in den Bundestag eingeladen. Er darf sich dann im Ausschuss selbst zu seiner Petition äußern und das Ganze wird vom Parlamentsfernsehen übertragen.
5. Nachdem der Petitionsausschuss sich mit der Petition beschäftigt und eine Haltung dazu entwickelt hat, kommt sie auf die Tagesordnung des Plenums. Das heißt, es wird in der großen Vollversammlung der Bundestagsabgeordneten darüber abgestimmt. Wenn eine Mehrheit dafür stimmt, wird das Anliegen der Petition weiter behandelt.
6. Dann bittet der Bundestag wieder die Bundesregierung um Stellungnahme.
7. Die Bundesregierung ist verpflichtet, sich zu dem Thema zu äußern.
8. Am Ende des Prozesses bekommt der Petent auf jeden Fall eine Rückmeldung vom Bundestag.

Abbildung 14.1 zeichnet den Weg einer Petition nach.

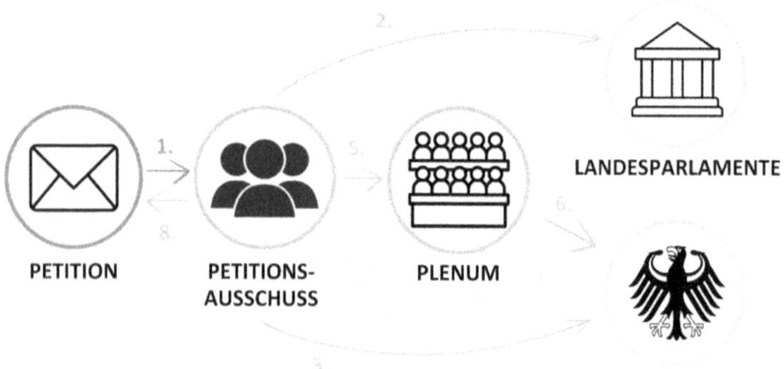

Abbildung 14.1: Das passiert mit einer Petition, nachdem der Petent sie beim Bundestag eingereicht hat.

Das bedeutet, dass die Abgeordneten des Bundestages und die Beamten in der Bundesregierung sich in jedem Fall mit dem Anliegen einer Petition beschäftigen müssen. Petitionen, die besonders viele Unterschriften gesammelt haben, bekommen auch besonders viel Aufmerksamkeit, die der Petent natürlich nutzen kann, um öffentlich für sein Anliegen zu werben.

Dass sich aufgrund einer Petition tatsächlich die Gesetzgebung ändert, ist eher selten. Aber es kommt durchaus vor.

Eine sehr erfolgreiche Petition, die dazu beitrug, die Gesetzeslage zu ändern, ging 2019 von dem Online-Magazin Neon und einem Start-up-Unternehmen, das Periodenprodukte verkauft, aus. Ihr Anliegen: Für Menstruationsprodukte wie Tampons, Binden und Slip-Einlagen mussten Frauen bis dahin eine Mehrwertsteuer von 19 Prozent bezahlen. Für Produkte des täglichen Bedarfs wie Grundnahrungsmittel galt aber ein geringerer Steuersatz von sieben Prozent. Die Petition forderte, dass dieser geringere Steuersatz auch für Periodenprodukte gelten sollte. Mehr als 80.000 Menschen unterstützten die Petition. Und ihre Forderung wurde dann zum Januar 2020 tatsächlich umgesetzt.

Direkte Demokratie in Deutschland

Direkte Demokratie bedeutet, dass Menschen nicht Vertreter wählen, die für sie Entscheidungen treffen – wie in einer repräsentativen Demokratie –, sondern dass sie direkt und unmittelbar selbst entscheiden oder Ideen einbringen.

Es gibt kein Land auf der Welt, das als reine direkte Demokratie funktioniert. Wohl gibt es aber, auch in Deutschland, Mittel der direkten Demokratie, die in die repräsentative Demokratie integriert werden.

Direkte Demokratie in der Schweiz

Die Schweiz wird oft als Beispiel genannt, wenn Menschen mehr direkte Demokratie fordern. Und tatsächlich haben die Menschen in der Schweiz mehr Mitbestimmungsrechte als in anderen Ländern. Die direkte Demokratie ist ein wichtiges Element der Schweizer Staatsordnung. Trotzdem ist sie auch dort eingebettet in eine repräsentative Demokratie mit gewählten Volksvertretern, die Gesetzesvorlagen erarbeiten und in den meisten Fällen auch ohne Einbindung der Bürger darüber entscheiden.

Direkte Demokratie auf Länder- und Kommunalebene

Da direkte Demokratie in kleineren Gruppen besser funktioniert als in großen, findet sie in Deutschland hauptsächlich in den Bundesländern und vor allem in den Kommunen statt.

Typische Mittel der direkten Demokratie sind:

- ✔ **Volksbefragung:** Dabei werden die stimmberechtigten Bürger vom Gesetzgeber nach ihrer Meinung gefragt. An das Ergebnis der Befragung muss sich der Gesetzgeber aber nicht halten.
- ✔ **Volksbegehren** (auf Bundes- oder Länderebene) und **Bürgerbegehren** (auf Gemeindeebene): Volks- und Bürgerbegehren sind für Bürger eine Möglichkeit, ein Thema in das Parlament einzubringen. Dafür müssen sie eine Forderung formulieren und brauchen dafür eine bestimmte Anzahl von Unterschriften. Dann muss das Parlament sich damit beschäftigen. Wenn es dem Volks- oder Bürgerbegehren nicht nachkommt, können die Initiatoren einen Volks- oder Bürgerentscheid fordern. Dafür brauchen sie dann noch mal eine bestimmte (höhere) Anzahl von Unterstützern.
- ✔ **Volksentscheid (Bürgerentscheid):** Beim Volksentscheid wird dann das Anliegen, das im Volksbegehren formuliert wurde, zur Wahl gestellt. Alle stimmberechtigten Bürger können darüber abstimmen, ob es umgesetzt

werden soll oder nicht. Beim Volksentscheid braucht es nicht nur eine bestimmte Zahl von Ja-Stimmen, sondern auch eine festgelegte Beteiligung aller Stimmberechtigten.

Ein bekannter Volksentscheid war zum Beispiel der über das Tempelhofer Feld in Berlin. Nachdem der Tempelhofer Flughafen abgebaut worden war, stellte sich die Frage, was mit der großen Freifläche geschehen sollte. Das Berliner Abgeordnetenhaus wollte Teile der Fläche bebauen, dagegen gab es Widerstand. Die Bürgerinitiative »100% Tempelhofer Feld« gründete sich. Sie forderte, das ganze Tempelhofer Feld unbebaut und für alle Menschen frei nutzbar zu belassen. Es kam 2014 zu einem Volksentscheid, bei dem die Berliner separat über den Vorschlag der Bürgerinitiative und über den des Abgeordnetenhauses abstimmen konnten. Der Vorschlag der Bürgerinitiative bekam eine deutliche Mehrheit. Und so ist das Tempelhofer Feld bis heute unbebaut.

In manchen Kommunen gibt es auch **Bürgerhaushalte**, bei denen die Bürger über einen Teil der geplanten Ausgaben für die Kommune mitentscheiden können.

Direkte Demokratie auf Bundesebene

Auf Bundesebene sieht das Grundgesetz nur in einem ganz konkreten Fall Volksentscheide vor, nämlich im Fall einer »Neugliederung des Bundesgebiets«, also bei Änderungen des Zuschnitts der Bundesländer.

Seit Gründung der Bundesrepublik Deutschland gab es so eine Neugliederung erst einmal, nämlich als 1952 Baden, Württemberg-Baden und Württemberg-Hohenzollern zu Baden-Württemberg zusammengefasst wurden. Die Aufnahme der neuen Bundesländer nach der Wiedervereinigung 1990 galt nicht als eine »Neugliederung des Bundesgebiets«, deshalb wurde darüber auch nicht abgestimmt.

In anderen Ländern werden durchaus auch andere wichtige Entscheidungen per Volksentscheid getroffen, etwa in Großbritannien der Brexit, also der Austritt aus der EU.

Was es auf Bundesebene aber gibt, sind **Bürgerräte**. Bürgerräte sind zufällig per Los zusammengesetzte Gruppen von Bürgern, die sich über eine bestimmte Zeit mit einem bestimmten Thema beschäftigen. Die Idee dahinter ist, dass man durch das Losverfahren einen Querschnitt der Bevölkerung zusammenbringt und auch Menschen mit einbezieht, deren Stimmen sonst von Politik und Öffentlichkeit wenig beachtet werden. Die Teilnehmer eines Bürgerrats bekommen Input von Experten und erarbeiten dann Vorschläge, die sie an das Parlament weiterreichen. Allerdings ist das Parlament nicht daran gebunden.

Der Ältestenrat des Bundestages hat im April 2022 beschlossen, Bürgerräte einzusetzen. In den Jahren 2023 und 2024 gab es den Bürgerrat »Ernährung im Wandel«. Er erarbeitete eine Reihe von Vorschlägen. Zum Beispiel empfahl er ein kostenloses Mittagessen für alle Kita- und Schulkinder, eine Verpflichtung von Supermärkten zur Weitergabe von abgelaufenen Lebensmitteln an Hilfsorganisationen, gesündere Verpflegung in Krankenhäusern und eine Altersgrenze für Energydrinks. Diese Vorschläge wurden im Anschluss ausführlich im Bundestag diskutiert.

Bürgerräte in anderen Ländern

Besonders weit ist Irland, wenn es um Bürgerräte geht, die dort Citizens' Assembly heißen und sehr regelmäßig umgesetzt werden. Es gab in Irland zum Beispiel Bürgerräte zu großen Themen wie Abtreibung und gleichgeschlechtliche Ehe. Aber auch etwa in Schottland und Belgien gab es schon Bürgerräte.

Beteiligungsmöglichkeiten speziell für junge Menschen

Politische Beteiligung gehört zu den Kinderrechten, die die Vereinten Nationen 1989 in der Kinderrechtskonvention festhielten und die seitdem 196 Länder unterschrieben haben – auch Deutschland. Damit hat Deutschland sich also (unter anderem) selbst verpflichtet, Kindern und Jugendlichen Mitsprachemöglichkeiten einzuräumen.

Es gibt zwar keine gesetzlich verbindliche Jugendvertretung auf Bundesebene, aber es gibt auf Länder- und Kommunalebene viele verschiedene Jugendgremien, in denen gewählte Jugendvertreter ihre Interessen gegenüber der Politik vertreten können:

- ✔ **Jugendparlamente** sind meist an bestehende Strukturen angebunden. Sie werden in kommunale Entscheidungsprozesse eingebunden, zum Beispiel indem sie im regulären Parlament Reden halten oder Anträge stellen dürfen. Oft haben sie ein eigenes Budget, über das sie Jugendprojekte unterstützen können. Derzeit gibt es in Deutschland mehr als 700 kommunale Kinder- und Jugendparlamente.

- **Jugendbeiräte** beraten existierende Stellen wie etwa Ministerien, indem sie die jugendliche Perspektive auf Themen einbringen.
- **Jugendräte** werden wie Bürgerräte zufällig per Los zusammengesetzt, beschäftigen sich für eine bestimmte Zeit mit einem festgelegten Thema und erarbeiten Vorschläge dazu.

Drei Bundesministerien werden derzeit von Jugendbeiräten unterstützt: das Bundesministerium für Familie, Senioren, Frauen und Jugend, das Bundesministerium für Umwelt, Naturschutz, nukleare Sicherheit und Verbraucherschutz und das Bundesministerium für wirtschaftliche Zusammenarbeit und Entwicklung.

Neben direkten Beteiligungsmöglichkeiten gibt es auch auf allen Ebenen Jugendvertretungen, an die Jugendliche sich wenden können, um ihre Wünsche und Bedürfnisse zu formulieren:

- Auf kommunaler Ebene gibt es **Jugendbeauftragte und Jugendbüros**. Sie organisieren Foren, Diskussionen mit Politikern und Planungstreffen für konkrete Vorhaben und unterstützen Jugendliche dabei, sich einzubringen.
- Auf Bundesebene gibt es die **Kinderkommission** des Bundestages, die sich viel mit Jugendlichen und Experten austauscht und alle Vorhaben des Bundestages daraufhin prüft, ob sie die Perspektiven junger Menschen genug einbeziehen.
- Auf EU-Ebene gibt es in jedem EU-Land **EU-Jugendvertreter**, die die Anliegen junger Menschen mit auf die EU-Jugendkonferenzen nehmen und sie dort mit EU-Politikern diskutieren.
- Auf internationaler Ebene gibt es in jedem Land **UN-Jugenddelegierte**, die sich bei den Vereinten Nationen für die Interessen der Jugendlichen in ihrem Land einsetzen.

Eine Organisation, die sehr aktiv ist im Bereich Jugendbeteiligung, ist die Deutsche Kinder- und Jugendstiftung. Auf ihrer Webseite findet ihr viele gute Projekte, Initiativen, aber auch Materialsammlungen und konkrete Tipps zum Thema.

IN DIESEM KAPITEL

Wie man in eine Partei eintritt

Was die Jugendorganisationen der Parteien machen

Welche anderen Möglichkeiten des politischen Engagements es gibt

Kapitel 15
Politisches Engagement, mit oder ohne Partei

Man ist in der Regel glücklicher, wenn man die eigenen Lebensumstände aktiv mitgestaltet. Deshalb ist es auf jeden Fall eine gute Idee, sich politisch zu engagieren. Die gute Nachricht ist: Es gibt viele und ganz verschiedene Möglichkeiten, das zu tun.

Einer Partei beitreten – gar kein so großer Schritt

Es hört sich vielleicht erst mal nach einer sehr erwachsenen, vielleicht etwas spießigen und irgendwie leicht veralteten Sache an: ein Parteieintritt. Und tatsächlich entscheiden sich ja auch immer weniger Menschen dafür.

Zugegeben: Parteien sind stark institutionalisierte Vereinigungen. Das heißt, sie haben ein festes Regelwerk, an das sie sich halten müssen. Das heißt aber nicht, dass einzelne Mitglieder keine Möglichkeiten haben, sich frei einzubringen.

Es gibt gute Gründe, es mal auszuprobieren:

- ✔ Schon die Beschäftigung mit der Frage, welche Partei am besten zu euch passt, ist spannend. Ihr lernt bei der Recherche verschiedene Parteien kennen und definiert eure eigenen politischen Werte.

- ✔ In der Partei lernt ihr Leute kennen, die ähnliche Werte und Vorstellungen haben wie ihr.
- ✔ Ihr könnt euch in Arbeitsgruppen zu den Themen einbringen, die euch wichtig sind.
- ✔ In der Regel könnt ihr auch selbst Themen setzen und eigene Aktionen dazu anstoßen.
- ✔ Eine Parteimitgliedschaft bedeutet keine feste Verpflichtung: Niemand muss sich aktiv in die Parteiarbeit einbringen.
- ✔ Wenn ihr aber Lust habt, könnt ihr auch schnell Verantwortung übernehmen und für ein Amt kandidieren.
- ✔ Ihr dürft bei parteiinternen Entscheidungen mit abstimmen. So könnt ihr über die Ausrichtung der Partei mitentscheiden.
- ✔ Klingt vielleicht etwas pathetisch, aber am Ende sind Parteien wirklich wichtige Grundsäulen der Demokratie. Sie sorgen dafür, dass es einen Austausch und auch einen Wettstreit zwischen verschiedenen Meinungen gibt. Daran teilzuhaben, dass das erhalten bleibt, ist eine gute Sache.

(Warum es überhaupt Parteien gibt, was ihre Aufgaben sind und welche in Deutschland die größten Parteien sind, erfahrt ihr übrigens ausführlich in Kapitel 5 »Viele Interessen, viel Konfliktpotenzial«.)

Kann jeder Mitglied einer Partei werden?

Prinzipiell ja. Man muss dafür jedenfalls weder deutscher Staatsbürger noch wahlberechtigt sein. Manche Parteien – nicht alle – haben eine Altersmindestgrenze. Und die meisten Parteien schließen Doppelmitgliedschaften aus, man darf also nicht schon Mitglied einer anderen Partei sein.

Die meisten Parteien verlangen einen monatlichen Mitgliedsbeitrag. Der richtet sich in der Regel nach dem Einkommen. Für Schüler und Studenten gibt es oft gesonderte Beträge.

Wenn ihr euch prinzipiell vorstellen könnt, in einer Partei aktiv zu werden, könnt ihr diese Schritte gehen:

1. Informiert euch darüber, welche Parteien in eurer Gegend aktiv sind.
2. Schaut euch die Internetseiten und die Social-Media-Auftritte der Parteien, die euch sympathisch sind, näher an, um ein Gefühl zu bekommen, wofür sie stehen und wie sie arbeiten.

3. Überlegt euch, mit welchen Werten und Schwerpunkten ihr euch am besten identifizieren könnt.

4. Besucht Veranstaltungen der Partei und kommt mit Menschen ins Gespräch, die schon aktiv sind.

5. Die meisten Parteien haben regelmäßige Angebote für Interessierte. Bei manchen gibt es auch unverbindliche Schnuppermitgliedschaften für einige Monate.

6. Wenn ihr euch für eine Mitgliedschaft entscheidet, könnt ihr den Antrag ganz leicht online stellen.

Übrigens kann man sich bei vielen Parteien auch einbringen, ohne Mitglied zu werden. Abstimmen darf man dann bei parteiinternen Wahlen und anderen Entscheidungen aber natürlich nicht.

Welche Aufgaben ihr dann in der Partei übernehmt, ob ihr Infostände mit betreut, Veranstaltungen organisiert und vielleicht auch moderiert, Wahlkämpfe unterstützt oder Social-Media-Arbeit macht, das könnt ihr nach euren Interessen und Begabungen ausrichten.

Das Gute ist, dass ihr euch dabei auch ein bisschen ausprobieren könnt und dass ihr Skills entwickelt, die auch in anderen Bereichen nützlich sind: netzwerken, argumentieren, organisieren, …

BSW: Weg von der Mitgliederpartei?

Die meisten Parteien in Deutschland leben von ihren Mitgliedern und werben deshalb auch ständig um neue. Denn die Mitglieder geben der Partei zum einen ihre Legitimation (wenn viele Menschen einer Partei beitreten, teilen sie offensichtlich ihre Ansichten und Forderungen) und übernehmen zum anderen viele wichtige Aufgaben innerhalb der Partei.

Das 2023 gegründete »Bündnis Sahra Wagenknecht – Vernunft und Gerechtigkeit« (kurz BSW) geht einen anderen Weg. Von Anfang an hat das BSW gesagt, es wolle »kontrolliert wachsen«. Das bedeutet, dass die Partei nach relativ strengen Kriterien nur verhältnismäßig wenige neue Mitglieder aufnimmt. Nach eigenen Angaben will das BSW sicherstellen, dass die Haltungen derjenigen, die Mitgliedsanträge stellen, auch mit den Vorstellungen der Partei übereinstimmen und insbesondere, dass es keine AfD-Vergangenheit gibt. Dieses ungewöhnlich selektive Vorgehen kann mit der oft unterstellten inhaltlichen Nähe zur AfD, von der das BSW sich distanzieren will, zusammenhängen. Wahrscheinlich hat es darüber hinaus auch praktische Gründe: Das BSW ist sehr schnell entstanden und bei den Wählern erfolgreich gewesen. Es hat aber vielerorts noch gar keine regionalen Strukturen aufgebaut, die es für die Mitglieder vor Ort bräuchte. Vielleicht will die Partei-Spitze auch nicht zu viel Entscheidungsmacht an die Partei-Basis, also die Mitglieder abgeben. Fakt ist jedenfalls: Gemessen an den Wählerstimmen, die das BSW bei bisherigen Landtagswahlen bekommen hat, hat die Partei sehr viel weniger Mitglieder als andere.

Das BSW setzt auf sogenannte Unterstützer, die beispielsweise an Wahlkampfständen arbeiten und Plakate kleben. Ihnen wird oft versprochen, dass sie dadurch Mitglieder werden können, sie werden aber häufig sehr lange hingehalten, während Vertraute von Sarah Wagenknecht sehr schnell aufsteigen.

Ju+: Die Jugendorganisationen der Parteien

Viele Parteien haben eigene Jugendorganisationen, in denen sich Mitglieder bis zu einer bestimmten Altersgrenze und zum Teil auch Jugendliche, die für eine reguläre Mitgliedschaft zu jung sind, zusammentun können.

Die Jugendorganisationen haben eigene Strukturen, wählen zum Beispiel eigene Vorstände, setzen eigene Themen, stellen eigene Forderungen auf und kommunizieren eigenständig. Aber sie haben innerhalb ihrer Parteien letztlich nicht viel zu sagen. Vielleicht deswegen gehen sie öfter mal in die Konfrontation mit der Mutterpartei und widersprechen ihr öffentlich, um eigene Akzente zu setzen und wahrgenommen zu werden.

Ungewöhnlich weit ging der Vorstand der Grünen Jugend 2024, als er geschlossen zurücktrat, weil er mit der Gesamtentwicklung der Partei unzufrieden war.

Einerseits sind die Jugendorganisationen also eine Möglichkeit, sich auch kritisch mit der eigenen Partei auseinanderzusetzen. Andererseits sind sie aber natürlich auch Talentschmieden. Wenn jemand aus einer Jugendorganisation für ein politisches Amt kandidieren will, muss er das über die Mutterpartei tun. Viele Politiker, die heute führende Positionen haben, begannen ihre politische Karriere in einer Jugendorganisation.

Olaf Scholz war stellvertretender Bundesvorsitzender der Jusos, lange bevor er Bundeskanzler wurde.

Bis auf das BSW und die AfD (deren Jugendorganisation JA sich 2025 auflöste) haben alle großen Parteien Jugendorganisationen:

- ✔ CDU/CSU: Junge Union (JU)
- ✔ SPD: Jungsozialist*innen (Jusos)
- ✔ Die Linke: Linksjugend
- ✔ Bündnis 90/Die Grünen: Grüne Jugend
- ✔ FDP: Junge Liberale (JuLis)

Es gibt auch weniger bekannte Jugendorganisationen von kleineren Parteien, die Jungen Piraten Deutschlands etwa, die Jungen Freien Wähler und die »HintnerJugend« von Die Partei sowie die Jugendorganisationen von verschiedenen nationalistischen und sozialistischen Parteien.

Vereine, Verbände, Bewegungen: Wo ihr euch noch engagieren könnt

Wie viele junge Mitglieder die Parteien haben, sagt natürlich wenig darüber aus, wie politisch engagiert »die Jugend« ist. Denn sehr viele junge Menschen sind politisch aktiv, ohne in einer Partei zu sein.

Es gibt viele verschiedene Möglichkeiten für junge Menschen, sich einzubringen:

- ✔ **Jugendverbände** gibt es in ganz unterschiedlichen Bereichen: Sport, Kultur, Natur, Feuerwehr, Kirche, … Dort können Jugendliche Verantwortung und Ämter übernehmen und ihre Interessen vertreten.
- ✔ **Jugendringe** vertreten übergeordnet die Belange von Jugendverbänden gegenüber der Politik und der Öffentlichkeit.
- ✔ **Interessensvertretungen** wie der Deutsche Gewerkschaftsbund (DGB) haben eigene Jugendorganisationen, die sich für die Interessen junger Menschen im Zusammenhang mit Themen wie Praktikum und Ausbildung einsetzen.

- ✔ Auch **Bildungseinrichtungen** wie Schulen und Unis haben eigene Interessensvertretungen, vom Klassensprecher bis zur Bundesschülervertretung, vom Studierendenparlament bis zum Studierendenausschuss.
- ✔ **NGOs** wie Amnesty International haben oft eigene Jugendgruppen, in denen Jugendliche eigene Projekte umsetzen und sich für ein Thema wie eben Menschenrechte engagieren können.
- ✔ **Bewegungen** wie Fridays for Future arbeiten meist unkomplizierter als große Organisationen.

Es gibt unterschiedliche Definitionen, was als politisches Engagement zählt und was eher soziales oder ehrenamtliches Engagement ist. Aber letztlich geht es darum, das eigene Umfeld mit zu gestalten, Verantwortung zu übernehmen und die eigenen Interessen oder die einer Gruppe nach außen zu vertreten. Und all das kann man auch außerhalb von im engen Sinne politischen Strukturen tun.

Der Nationale Aktionsplan für Kinder- und Jugendbeteiligung

Die Bundesregierung hat 2018 zum ersten Mal eine Jugendstrategie entwickelt, die zum Ziel hatte, Kinder und Jugendliche politisch zu beteiligen. Anschließend wurde über Jahre der Nationale Aktionsplan für Kinder- und Jugendbeteiligung erarbeitet. Am Anfang haben viele Jugendvertreter in Dialogforen, Denkfabriken und Jugend-Audits ihre Ideen eingebracht. Diese wurden der Jugend- und Familienministerkonferenz der Länder vorgelegt, die dann die Strategie weiterentwickelte.

Wichtige Teile des Aktionsplans sind:

- ✔ die JugendPolitikTage, bei denen Jugendliche sich mit der Bundesregierung austauschen können
- ✔ die BundesJugendKonferenz, bei der alle zwei Jahre engagierte Jugendliche aus ganz Deutschland zusammenkommen und Empfehlungen entwickeln
- ✔ ein Bundeskompetenzzentrum für Kinder- und Jugendbeteiligung, das die Zusammenarbeit in Sachen Kinder- und Jugendbeteiligung innerhalb der Bundesregierung stärken soll
- ✔ Qualitätsstandards für Kinder- und Jugendbeteiligung

IN DIESEM KAPITEL

Unterschiedliche Arten zu protestieren

Legaler und illegaler Protest

Was Protest bringt

Kapitel 16
Protest ist auch politisches Verhalten

Politisches Engagement ist vielfältig. Neben langfristigen Formaten wie der Mitgliedschaft in einer Partei, einem Verband oder Verein können auch kurzfristige Proteste ein absolut legitimes und auch wirkungsvolles Mittel der politischen Beteiligung sein.

Demo, Streik, Aktion: Formen des Protests

Protest kann sehr unterschiedlich aussehen. Er ist in jedem Fall eine nicht-institutionalisierte Art, eine politische Forderung laut und zugespitzt zum Ausdruck zu bringen, um möglichst viel Aufmerksamkeit dafür zu erzeugen.

Legaler Protest ist ein wichtiges Bürgerrecht. Denn er ermöglicht es Menschen, die mit aktuellen politischen Zuständen nicht einverstanden sind, die aber weder im Parlament noch von irgendeiner Interessensvertretung vertreten werden, ihre Meinung einzubringen und Einfluss auf die öffentliche Meinung und auf politische Entscheidungsträger zu nehmen.

In den 1960er-Jahren setzt sich der Protest als Beteiligungsform durch

Die Idee, dass Protest eine legitime Form der politischen Beteiligung ist, musste sich erst mal durchsetzen. Obwohl es natürlich auch davor schon Protestformate gegeben hatte, wurden sie in der zweiten Hälfte der 1960er-Jahre, den sogenannten »68ern«, richtig beliebt. Damals gab es eine große Protestbewegung, die vor allem von Studierenden ausging, die versuchten, neue und radikale politische und gesellschaftliche Vorstellungen durchzusetzen. Damals stießen ihre provokanten Protestformen auf viel Widerstand, entwickelten sich aber dennoch zu gängigen Arten der Beteiligung. Trotzdem gibt es auch heute noch Menschen, die politischen Protest als jugendliche Rebellion abtun und nicht ernst nehmen.

Verschiedene Formen des Protests:

- ✔ Bei **Demonstrationen** kommen Menschen zusammen, die zu einem Thema eine ähnliche Meinung haben und sie lautstark kundtun wollen, zum Beispiel mit Transparenten und Kundgebungen.
- ✔ **Aktionen** sind Aktivitäten im öffentlichen Raum, oft an unerwarteten Orten, zum Beispiel Flashmobs oder Performances. Sie sollen eine bestimmte Botschaft auf kreative und überraschende Art vermitteln.
- ✔ **Kampagnen** haben das Ziel, in einem bestimmten Zeitraum bestimmte Zielgruppen mit einer politischen Botschaft zu erreichen, und nutzen dafür verschiedene Kommunikationswege.
- ✔ **Boykott** bedeutet, dass man jemanden oder etwas bewusst meidet, um Unmut auszudrücken. Man kann zum Beispiel ein Unternehmen boykottieren, indem man seine Produkte nicht mehr einkauft, um damit zum Ausdruck zu bringen, dass man mit den Produktionsbedingungen nicht einverstanden ist.
- ✔ Bei einem **Streik** hören Menschen auf zu arbeiten, um für bessere Arbeitsbedingungen zu protestieren.

Demonstrieren ist in Deutschland ein Grundrecht, das im Grundgesetz festgehalten ist. Es gibt allerdings einige Einschränkungen: Demonstrationen müssen angemeldet und genehmigt werden, damit zum Beispiel Straßensperren errichtet und Polizeikräfte für die Absicherung der Demonstration abgestellt werden können. Man darf außerdem keine Waffen oder gefährlichen Gegenstände auf eine Demonstration mitbringen und sich nicht vermummen.

Dürfen Beamte demonstrieren?

Ja. Das Demonstrationsrecht gilt für alle Menschen. Allerdings dürfen Beamte nur außerhalb ihrer Dienstzeiten demonstrieren. An Streiks dürfen sie nicht teilnehmen. Denn als Staatsdiener müssen sie sicherstellen, dass der Staat funktionsfähig bleibt. Lehrkräfte dürfen also zum Beispiel nicht während ihrer Arbeitszeit streiken, denn sie müssen dafür sorgen, dass die Schüler ihre Schulpflicht leisten können. Sie dürfen aber außerhalb ihrer Arbeitszeit für andere Arbeitsbedingungen an Schulen demonstrieren.

Protest klingt erst mal nach »dagegen«. Das muss aber nicht so sein. Man kann natürlich auch für etwas protestieren und so zeigen, wie man sich die Gesellschaft, in der man lebt, wünscht.

Der Christopher Street Day, der jährlich an vielen verschiedenen Orten stattfindet, ist in erster Linie ein Protest für die Rechte von queeren Menschen. Und in den Jahren ab 2015, als sehr viele Menschen vor allem aus dem Bürgerkrieg in Syrien nach Deutschland flohen, protestierten viele Menschen unter dem Motto »Refugees welcome« für die freundliche Aufnahme der Geflüchteten.

Nicht mehr ganz legal: Ziviler Ungehorsam

Wenn Protest gegen geltende Regeln und Gesetze verstößt, dabei aber gewaltlos bleibt, nennt man das zivilen Ungehorsam. Die Protestierenden nehmen also Regelverletzungen in Kauf, planen sie ein, weil sie ihre Botschaft für so wichtig und dringend halten, dass sie bereit sind, dafür auch Sanktionen hinzunehmen.

Das typischste Beispiel für zivilen Ungehorsam sind Blockaden. Umweltaktivisten blockieren etwa regelmäßig Atom-Transporte, Braunkohle-Tagebauten oder auch den Straßenverkehr, um den Betrieb zu verhindern. Oder sie besetzen einen Wald, um zu verhindern, dass er abgeholzt wird. Dadurch setzen sie ein sichtbares Zeichen. Blockaden werden auch oft eingesetzt als Mittel der Gegendemonstration: um andere Protestzüge zu stören.

Früher galten Blockaden gesetzlich als »Nötigung« und damit als Straftatbestand. 1995 verbot das Bundesverfassungsgericht es anderen Gerichten aber, pauschal so zu urteilen. Inzwischen wird differenzierter geschaut: Handelt es sich um eine rein symbolische Handlung? Setzen Menschen nur ihren Körper ein, indem sie irgendwo stehen oder sitzen, um ein Zeichen zu setzen – und verzögern dadurch in der Regel nur das, was sie blockieren wollen? Dann gilt das nicht als Gewaltanwendung. Wenn die Blockierer sich aber etwa anketten, um ein Durchkommen tatsächlich unmöglich zu machen, dann ist das weiterhin Nötigung.

Die Aktivisten der »Letzten Generation« kleben sich auf Straßen oder an anderen Orten fest, teilweise beschädigen sie auch symbolisch Gegenstände, um ihre klimapolitischen Forderungen in der Öffentlichkeit und bei der Politik durchzusetzen. Das sind Straftaten, für die die Aktivisten auch schon etliche Geld- und Haftstrafen bekommen haben. Sie argumentieren, dass ihre Forderungen auf anderem Wege kein Gehör finden, und nehmen die Strafen deshalb in Kauf.

Gar nicht mehr legal: Politische Gewalt und Extremismus

Wenn Protest sich in Gewalt gegen Dinge und Personen äußert, ist das politische Gewalt. Das kann zum Beispiel Vandalismus, Plünderung, körperliche Angriffe oder Entführungen bedeuten. Politische Gewalt geht meistens auf extremistische Haltungen zurück.

Was ist der Unterschied zwischen extrem und radikal?

Oft werden zum Beispiel die Begriffe rechtsextrem und rechtsradikal gleichgesetzt. Es gibt aber einen Unterschied: Radikal meint sehr zugespitzte politische Positionen, die sich aber dennoch innerhalb der bestehenden politischen Ordnung bewegen. Extremistische Positionen dagegen verlassen den Raum der freiheitlich-demokratischen Grundordnung und fordern einen gewaltsamen Umsturz der bestehenden staatlichen Ordnung.

Extremismus zeichnet sich aus durch:

- die Ablehnung der aktuellen gesellschaftlichen Realität und der politischen Regeln und Normen
- ein Absolutheitsanspruch der eigenen Weltsicht: die eigenen Werte sind wahr und richtig, daran darf nicht gezweifelt werden
- die einseitige und undifferenzierte Unterteilung der Welt in Freund und Feind – Vielfalt, Offenheit und Toleranz wird abgelehnt
- Verschwörungstheorien, die politische, wirtschaftliche und soziale Probleme auf eine einzige Ursache zurückführen und rechtfertigen, dass man sich dagegen gewaltvoll wehrt

Die drei größten Strömungen des Extremismus sind derzeit:

- **Rechtsextremismus:** Rechtsextremisten glauben daran, dass ihr »Volk« anderen überlegen ist. Mythisch aufgeladene Werte sind Familie, Tradition, Ehre und Treue, Mut und Opferbereitschaft.
- **Linksextremismus:** Linksextremisten glauben daran, dass die Arbeiterklasse den Kapitalismus durch einen Umsturz gewaltsam beenden muss, um dann die sozialistische Gesellschaftsordnung zu errichten, in der alle gleich sind.
- **Religiöser Fundamentalismus:** Religiöser Fundamentalismus richtet sich stark nach den Handlungsvorgaben, die göttliche Überlieferungen wie beispielsweise der Koran oder die Bibel vorgeben. Die Orientierung an religiösen Vorschriften dehnt sich auch auf politische Ziele aus: Die religiösen Regeln und Normen sollen die Gesellschaft bestimmen.

Den drei Bewegungen ist gemein, dass sie eine Idee ins Extreme treiben und bereit sind, ihre Vorstellungen gegen alle Widerstände gewaltsam durchzusetzen.

Eigentlich macht es nicht besonders viel Sinn, verschiedene Formen des Extremismus gegeneinander auszuspielen. Man muss gegen jede Form des Extremismus vorgehen. Trotzdem wird in Deutschland gerne diskutiert, welcher Extremismus die größte Bedrohung sei. Fakt ist, dass die meisten Straftaten seit vielen Jahren von Rechtsextremisten begangen werden.

Ganz egal, in welche inhaltliche Richtung ein extremistisches Weltbild geht: Extremismus ist immer falsch und gefährlich! Denn Extremismus ist immer undifferenziert, er entwertet bestimmte Gruppen von Menschen allein aufgrund ihrer Gruppenzugehörigkeit und rechtfertigt Gewalt gegen sie. Leider nimmt extremistisches Denken in unserer Gesellschaft aktuell zu. Das hat unter anderem zur Folge, dass es mehr körperliche Angriffe auf Menschen gibt, die sich politisch engagieren, zum Beispiel indem sie ein politisches Amt ausüben oder einfach nur Wahlplakate aufhängen. Und dass mehr Menschen solche Angriffe für gerechtfertigt halten.

Was kann Protest bewirken?

Politische Protestformate wie Demonstrationen werden oft kritisiert. Die Protestierenden würden nur punktuell eine laute und zugespitzte Meinung herausschreien, so die Kritik, würden sich dann aber nicht langfristig um die tatsächliche Umsetzung ihrer Ideen kümmern.

Politischer Protest kann aber durchaus einiges Positives bewirken:

- ✔ öffentlich auf Themen aufmerksam machen
- ✔ Medien mobilisieren, darüber zu berichten
- ✔ ein Umdenken in der Bevölkerung anstoßen
- ✔ die Politik zur Beschäftigung mit Themen bewegen
- ✔ den Austausch zwischen verschiedenen Akteuren in Gang bringen
- ✔ ein Gefühl der Selbstwirksamkeit erzeugen: Protestierende bleiben nicht passiv und unzufrieden, sondern entwickeln eigene Ideen, werden kreativ, vernetzen sich miteinander
- ✔ längerfristige Bündnisse und Initiative hervorbringen

Ein gutes Beispiel ist die Fridays-for-Future-Bewegung: An ihrem ersten globalen Klimastreik nahmen 2019 rund 2,3 Millionen Menschen teil. Es gelang ihnen, das Thema Klimaschutz stärker ins Bewusstsein der Menschen und auf die politische Agenda zu bringen. Aus den Streiks gingen feste Gruppen hervor, die sich langfristig und in verschiedenen Formaten weiter mit dem Thema Klimaschutz beschäftigen.

Selbstwirksamkeit kann allerdings auch zu Spiralen führen. Das kann man gut beobachten, wenn Demonstrationen und Gegendemonstrationen aufeinandertreffen. Beide Seiten identifizieren sich stark mit ihrer Gruppe und fühlen sich absolut im Recht. Ein offener Dialog zwischen beiden Seiten kommt nicht zustande, eher eine Verhärtung der Positionen, im schlimmsten Fall eine gewaltvolle Eskalation.

Friedliche Revolution 1989

Eines der bemerkenswertesten Beispiele für Protest ist sicher die Friedliche Revolution von 1989: In der damaligen DDR gingen damals tausende Menschen auf die Straße und riefen »Wir sind das Volk«. (Ein Ruf der heute leider von ganz anderen Protestgruppen für sich beansprucht wird.) Sie protestierten für freie Wahlen, Presse-, Meinungs- und Reisefreiheit und damit gegen die bestehende Ordnung. Schließlich gab die Regierung den Demonstranten nach und öffnete die Grenzen. Es kam zum Ende der DDR. Ein solcher Umsturz eines ganzen Systems durch weitestgehend friedlichen Protest ist sehr selten.

Wann hat ein Protest gute Chancen, erfolgreich zu werden?

- ✔ Wenn er ein Thema setzt, das für viele Menschen relevant ist, und das auch so kommuniziert, dass viele Menschen anknüpfen und sich mit dem Protest identifizieren können.
- ✔ Wenn er viele Protestierende mobilisieren kann, am besten online und offline und über Netzwerke von engagierten Menschen.
- ✔ Wenn er sehr konkrete Forderungen aufstellt und die Politik direkt auffordert, dazu Stellung zu beziehen.

Protestaktionen, die ein sehr regionales Thema, zum Beispiel ein Bauvorhaben oder ein Naturschutzprojekt, adressieren, sind oft politisch erfolgreicher. Das heißt, sie führen eher dazu, dass Politiker sich damit befassen und handeln, als wenn es um globalere Themen geht. Bei so großen Themen wie etwa dem Protest gegen Atomkraftwerke oder für mehr Frauenrechte, die weitreichend in den gesellschaftlichen Strukturen verankert sind, dauert es oft Jahrzehnte, bis sich etwas ändert.

In den 1970er-Jahren wurde in Deutschland die Schwulenbewegung groß. Die Community forderte gleiche Rechte ein, zum Beispiel auf großen Kundgebungen wie dem Christopher Street Day (CSD). Eine Hauptforderung war die Abschaffung des Paragrafen 175 im Strafgesetzbuch, der sexuelle Handlungen zwischen Männern unter Strafe stellte. Die queere Szene bildete in dieser Zeit Netzwerke und Strukturen, die zu mehr Selbstwirksamkeit und mit den Jahren auch zu mehr Akzeptanz in der Bevölkerung führten. Allerdings dauerte es trotz allem bis 1994, bis der Paragraf 175 abgeschafft wurde und Beziehungen zwischen Männern gesetzlich nicht mehr als Straftat galten.

Teil V
Der Top-Ten-Teil

Weitere ... *für Dummies*-Bücher finden Sie unter `www.fuer-dummies.de`.

IN DIESEM TEIL …

- ✔ Dumme Sätze über Politik und warum sie nicht stimmen
- ✔ Gute Fragen für euer nächstes Gespräch mit einem Politiker
- ✔ Ideen dafür, wie sich die Demokratie in Deutschland in den nächsten Jahren entwickeln könnte

IN DIESEM KAPITEL

Gängige Vorurteile über Politiker

Differenzierte Einordnungen dazu

Kapitel 17
Zehn dumme Sätze über Politik

Prinzipiell freue ich mich, wenn Menschen über Politik sprechen, wenn möglichst viele sich damit auseinandersetzen und ihre Meinungen austauschen. Es gibt aber ein paar Sätze, die viel zu oft unreflektiert übernommen werden und die Unsinn sind – zumindest so pauschal wie sie oft geäußert werden. Ein genauerer Blick auf die Themen ist aber gar nicht so uninteressant.

Politiker sind faul und korrupt

Wer behauptet, Politiker seien faul, hat wahrscheinlich noch nie den Terminkalender eines Politikers gesehen. Politiker haben überhaupt keine Chance, faul zu sein. Nehmen wir Bundestagsabgeordnete: In den Sitzungswochen in Berlin treffen sie sich in ihren Fraktionen, in ihren Ausschüssen, sie sitzen teilweise bis spät in den Abend im Plenum, sie bereiten Reden und Anträge vor, sie sprechen mit Journalisten und Interessensvertretern und empfangen Besuchsgruppen, zum Beispiel Schulklassen.

Ganz zu schweigen von Kommunalpolitikern, die größtenteils komplett ehrenamtlich arbeiten und also sehr viel Freizeit investieren, ohne dafür Geld zu bekommen.

Und der Korruptionsvorwurf? Natürlich gibt es korrupte Politiker. Das sind aber Einzelfälle. Und es gibt einige Maßnahmen, die dazu beitragen, das gut zu kontrollieren, zum Beispiel das Lobbyregistergesetz, dass alle Interessensvertreter verpflichtet, genau anzugeben, mit welchem Politiker sie worüber und in welcher Absicht sprechen.

Politiker-Bashing ist leider derzeit ziemlich in Mode. Das ist sehr gefährlich, weil es dazu führt, dass Menschen das Gefühl haben, es wäre in Ordnung, Politiker zu beschimpfen oder sogar anzugreifen. Beides passiert immer häufiger. Und das wiederum führt dazu, dass weniger Menschen bereit sind, sich politisch zu engagieren. Zumal auf kommunaler Ebene, wo sie weniger geschützt werden als wichtige Bundespolitiker.

Politik wird von alten weißen Männern gemacht

Die drei Punkte Alter, Herkunft und Geschlecht im Politikbetrieb kann man sich durchaus genau und kritisch anschauen.

Der Altersdurchschnitt im Bundestag lag in den letzten Jahrzehnten meistens bei etwa 49 Jahren und ist bei der Bundestagswahl 2021 auf etwa 47 Jahre gesunken. Es gibt seitdem auch deutlich mehr Politiker unter 30 im Parlament. Die Fraktionen sind sehr unterschiedlich aufgestellt: Die Grünen haben mit 42 Jahren mit Abstand den jüngsten Durchschnitt, die AfD mit 51 den ältesten.

Menschen mit Migrationsgeschichte sind in den Parlamenten unterrepräsentiert, das stimmt – in den meisten Landesparlamenten noch stärker als im Bundestag. In den letzten Jahren hat sich aber schon viel getan, und in Berlin, Hamburg oder Bremen ist der Anteil von Abgeordneten mit Migrationshintergrund relativ hoch.

Es ist auch richtig, dass es in Deutschland nach wie vor deutlich mehr Männer als Frauen in der Politik gibt. Bei der ersten Bundestagswahl 1949 waren nur knapp sieben Prozent der gewählten Abgeordneten weiblich. Bei der Wahl 2021 waren es knapp 35 Prozent – immer noch weit entfernt von der Hälfte.

Zu allen drei Aspekten gibt es übrigens ständig Überlegungen. So hat sich in den Jahren 2022 und 2023 eine Wahlrechtskommission im Bundestag sehr ausführlich mit der Frage beschäftigt, wie man mehr Frauen ins Parlament bringen könnte, und eine Reihe von Vorschlägen erarbeitet. Es gibt auch einige gute Projekte, die sich bemühen, Diversität in der Politik zu unterstützen, zum Beispiel die Initiative »Brand New Bundestag«.

Bundestagsdebatten sind nur Show

Wenn man eine Bundestagsdebatte anschaut – was übrigens wirklich sehr empfehlenswert, weil absolut spannend und lehrreich ist –, dann bekommt man schnell den Eindruck, dass die Politiker nicht wirklich miteinander diskutieren, sondern jeder seine fertige Meinung präsentiert. Und dass er das vielleicht weniger für die anderen anwesenden Politiker tut als für die Zuschauer, die sich die Aufzeichnung zuhause anschauen.

Das Plenum im Bundestag ist der Ort der öffentlichen Debatte. Das heißt: Ja, die Abgeordneten sprechen dort nicht nur zueinander, sondern auch zur Öffentlichkeit. Sie versuchen, den Menschen da draußen ihre Sichtweise auf ein Thema nahezubringen. Das tun sie auf sehr unterschiedliche Weise, aber natürlich versucht jeder Abgeordnete, mit seiner Rede zu überzeugen, vielleicht auch zu überraschen mit einem unerwarteten Vergleich oder zu berühren mit einer persönlichen Geschichte. Eine Rede ist immer ein Stück weit Performance. Trotzdem geht es immer in erster Linie um die Inhalte.

Intensiver und weniger konfrontativ als im Plenum wird übrigens in den Ausschüssen diskutiert. Denn dort kommen ja die Fachpolitiker aller Fraktionen zusammen, um Gesetzentwürfe zu bearbeiten und Kompromisse zu finden. Deshalb unterscheidet man auch zwischen dem »Redeparlament« (den Plenarsitzungen) und dem »Arbeitsparlament« (den Ausschusssitzungen).

Die etablierten Parteien sind sich so ähnlich, dass es egal ist, wen man wählt

Das stimmt natürlich nicht. Die großen Parteien haben unterschiedliche Schwerpunkte und auch unterschiedliche Meinungen beziehungsweise Lösungsansätze zu verschiedenen Themen. Der Eindruck, dass sie sich annähern, entsteht zum Teil dadurch, weil immer wieder große Parteien miteinander koalieren, also ein Regierungsbündnis miteinander eingehen. In der Koalition müssen sie gemeinsam Kompromisse finden, denn sonst könnten sie ja nichts beschließen und wären handlungsunfähig.

Wer im Detail wissen will, wie verschiedene Parteien zu einem Thema stehen, der schaut am besten in die Wahlprogramme der Parteien. Dort steht es nämlich mehr oder weniger genau drin.

Der Staatsapparat schluckt nur sinnlos viel Geld

Es ist sicher richtig, dass wir in Deutschland umfangreichere Verwaltungsstrukturen haben als andere Länder – und dass vieles dafür spräche, sie zu verschlanken, nicht nur aus finanziellen Gründen.

Aber dass Parlamente, Ministerien, Behörden und alles, was daran hängt, Geld kostet, ist ja klar. Und wenn Menschen, die weniger Staatsausgaben fordern, gleichzeitig zum Beispiel mehr Polizeipräsenz fordern, geht das nicht auf.

Fakt ist: Wie viel Geld wofür ausgegeben wird, kann jeder ganz genau nachvollziehen und sich dann eine eigene Meinung bilden. Das steht nämlich im Bundeshaushalt. Dort kann man zum Beispiel nachlesen, was das Bundeskanzleramt die Steuerzahler jährlich kostet. Und der Bundeshaushalt wird jedes Jahr ausgiebig und kritisch im Bundestag diskutiert.

Die großen politischen Entscheidungen haben nichts mit meinem Leben zu tun

Doch. Im Bundestag, in den Länderparlamenten und in den Kommunen werden ununterbrochen Entscheidungen getroffen, die jeden von uns direkt betreffen. Wie oft der Bus morgens fährt, was in der Schule gelernt wird, ob das Schwimmbad geöffnet bleibt, ob das Studium Geld kostet, ... Das alles hängt mit politischen Entscheidungen zusammen.

Der Bundestag hat keine echte Macht, alle Entscheidungen kommen von der Regierung

Der Bundestag entscheidet über unsere Gesetze. Das ist seine Hauptaufgabe. Vorschläge für neue Gesetze kann allerdings auch die Bundesregierung machen – und die meisten Gesetzentwürfe kommen auch tatsächlich aus der Regierung.

Nun ist es so, dass die Regierung im Bundestag in aller Regel eine Mehrheit hat, denn die Koalition im Bundestag besteht aus den Parteien, die die Regierung stellt. (Es sei denn, es handelt sich um eine Minderheitenregierung, was es aber in Deutschland auf Bundesebene noch nie gab.) Es ist also logisch, dass Gesetzentwürfe der Bundesregierung im Bundestag normalerweise angenommen werden.

Warum ist der Bundestag trotzdem wichtig? Erstens weil er die Entwürfe der Regierung noch mal intensiv bearbeitet und ändert – und zwar in den Ausschüssen, in denen alle Fraktionen vertreten sind. Zweitens weil es seine Aufgabe ist, das Vorgehen der Regierung kritisch zu überprüfen. Das macht naturgemäß eher die Opposition im Bundestag. Es gibt aber auch immer wieder Fälle, in denen Mitglieder der Koalition im Bundestag sich kritisch gegenüber Entscheidungen der Regierung äußern und auf die Eigenständigkeit des Parlaments pochen.

Die Medien sind nicht wirklich kritisch, sondern geben nur die Meinung der politischen Elite wieder

Das ist nun wirklich großer Unsinn. In Deutschland sind die Medien unabhängig und unterstehen in keiner Weise den Befugnissen irgendwelcher politischen Akteure. Dass es irgendwelche Anweisungen seitens der Regierung gebe, was Medien berichten sollten oder wie, ist schlicht eine Falschbehauptung.

Wer sich die Mühe macht zu schauen, was verschiedene Medien zu einem Thema berichten, wird auch in aller Regel unterschiedliche Meinungen finden. Allerdings gibt es schon ein paar Themen, bei denen sich die allermeisten Journalisten der großen Medien einig sind. Kaum einer hat zum Beispiel zu Corona-Zeiten gegen die Impfung argumentiert. Das liegt aber wohl eher daran, dass die meisten Journalisten aufgrund ihrer Ausbildung an wissenschaftliche Fakten glauben und vernunftbasiert denken. Zu den Corona-Maßnahmen dagegen gab es durchaus sehr differenzierte und kritische Stimmen in den Medien.

Deutschland ist keine echte Demokratie, der Wille des Volkes zählt nichts

An diesem Satz ist vieles schwierig. Zunächst einmal ist Deutschland natürlich eine Demokratie. (Die Kriterien dafür könnt ihr ausführlich in Kapitel 2 »Was eine Demokratie ausmacht« nachlesen.) Dass es Menschen gibt, die die Bundesrepublik Deutschland mit der DDR vergleichen, macht mich wütend. In der DDR wurden Menschen wegen ihrer politischen Ansichten verfolgt und eingesperrt. Das passiert im heutigen Deutschland nicht.

Interessant ist aber auch der zweite Teil des Satzes. Mit dem Willen des Volkes ist es nämlich so eine Sache. Der Ausdruck suggeriert, es gäbe den einen Willen eines einheitlichen Volkes. Das ist natürlich keineswegs so. Das Volk besteht aus vielen verschiedenen Menschen, die in allen möglichen Bereichen sehr unterschiedliche Dinge wollen. Was die Mehrheit des Volkes in Bezug auf ein bestimmtes Thema will, muss man also erst mal herausfinden. Wenn es einen Volksentscheid gibt »Soll Bauprojekt x umgesetzt werden, ja oder nein?«, dann kann man danach relativ leicht sagen, was die Mehrheit der Menschen will – zumindest der Teil der Menschen, die abstimmen durften und das auch getan haben.

In anderen Fällen ist das viel schwieriger. Beispiel Regierungsbildung: Nach Wahlen kritisieren Parteien, die zwar viele Wählerstimmen bekommen haben, nun aber nicht an der Regierungsbildung beteiligt werden, gerne, dass der Wählerwille missachtet werde. Nun, wenn die Partei, die sich beschwert, eine absolute Mehrheit bekommen hätte (mehr als die Hälfte aller Stimmen), könnte sie alleine regieren. Wenn das nicht der Fall ist, ist es offensichtlich auch nicht der Wille der Mehrheit, dass diese Partei regiert. Bei den wenigsten Wahlen bekommt eine Partei die absolute Mehrheit – was eben zeigt, dass es keinen einheitlichen Volkswillen gibt, sondern dass in einer pluralistischen Gesellschaft immer Kompromisse und Bündnisse erarbeitet werden müssen.

Ich kann sowieso nichts ändern

Natürlich kann jeder etwas ändern, etwas bewirken. Als einzelne Person kann ich nicht den Krieg in der Ukraine beenden, das ist klar. Aber ich kann zum Beispiel im Gespräch mit jemandem meine Meinung einbringen und mein Gegenüber damit zum Nachdenken bringen. Ich kann mich in einem Verein engagieren, der Geflüchtete dabei unterstützt, gut in Deutschland anzukommen, und so dazu beitragen, dass Integration besser funktioniert. Oder ich kann für irgendein Amt kandidieren – an der Schule, im Verein oder auch in einer Partei – und so Verantwortung übernehmen und mitgestalten.

IN DIESEM KAPITEL

Dialogimpulse für Gespräche mit Politikern

Kritische und konstruktive Fragen

Kapitel 18
Zehn gute Fragen an Politiker

Es gibt viele Möglichkeiten, mit Politikern ins Gespräch zu kommen. Nutzt sie! Erstens sind die Einblicke spannend. Und zweitens könnt ihr den Politikern im Gespräch Themen und Impulse mitgeben. Hier ein paar Ideen für gute Fragen, die das Gespräch voranbringen. Natürlich ist es außerdem auch immer gut, die Themen einzubringen, die euch gerade beschäftigen.

Was empfinden Sie derzeit als größte Herausforderung für Deutschland?

Eine gute Frage, um abzuklopfen, wo die inhaltlichen Schwerpunkte liegen. Die Antwort könnt ihr mit euren eigenen Haltungen abgleichen. Und natürlich liegt es nahe, die Frage anzuschließen, wie man der Herausforderung denn begegnen kann.

Wie sind Sie auf Social Media aktiv?

Manche Politiker sind auf allen Plattformen unterwegs, haben ein ganzes Social-Media-Team und eigene Formatreihen. Andere sind viel weniger aktiv. Darüber ins Gespräch zu kommen, wie man auf Social Media Aufmerksamkeit erzeugen und Argumente stark machen kann, ohne populistisch zu werden, ist spannend und bereichernd. Ihr könnt hier gut auch eure eigenen Vorlieben einbringen: Wem ihr folgt und welche Inhalte ihr euch gern anschaut, ist sicher interessant für euren Gesprächspartner.

Wie sind Sie auf die Idee gekommen, politisch aktiv zu werden?

Politiker haben sehr unterschiedliche Lebensläufe und es ist spannend, verschiedene Wege in die Politik kennenzulernen. Gab es ein ausschlaggebendes Erlebnis? Warum hat die Person sich für diese eine Partei entschieden? Wie waren die ersten Schritte in den politischen Betrieb? Euch fallen bestimmt viele Folgefragen ein.

Welche politische Entscheidung haben Sie bereut?

Wer macht, macht Fehler – das ist ein Sprichwort, das auf jeden Fall wahr ist. Sich mit den eigenen Fehlern kritisch zu beschäftigen und daraus zu lernen, ist immer bereichernd. Dazu könnt ihr einen Politiker ruhig aktivieren und ihm dabei zuhören.

Mit wem würden Sie gerne mal politisch streiten und warum?

Streit ist ein wichtiger Teil von Politik. Interessant wird es, wenn man jemanden prinzipiell schätzt, bei einem Thema aber ganz anderer Meinung ist. Kann man die andere Perspektive trotzdem nachvollziehen? Mit welchen Argumenten kann man die eigene Meinung am besten vertreten?

Was belastet Sie an Ihrem Beruf am meisten?

Es gibt vieles, was anstrengend ist am Politikersein: Anfeindungen und Kritik, Streitereien in der eigenen Partei, das Gefühl, nicht voranzukommen, volle Kalender mit sehr unterschiedlich schönen Terminen, … Was davon den Politiker besonders stört und wie er damit umgeht, ist sicher interessant zu hören. Und ihr könnt euch dabei überlegen, ob ihr euch das für euch vorstellen könntet.

Was sollte sich in den nächsten 20 Jahren in Deutschland unbedingt ändern?

Welche Visionen hat euer Gesprächspartner für die Zukunft? Welche Prioritäten setzt er? Und wie steht ihr selbst zu der Frage, welche Themen findet ihr am drängendsten?

Was tun Sie konkret für junge Menschen?

Jugendliche haben keine große Lobby in der Politik. Sie sind keine wichtige Wählergruppe (wenn sie überhaupt schon wählen dürfen) und haben auch sonst nicht viel Einfluss. Umso wichtiger, dass Politiker trotzdem ihre Interessen im Blick haben. In Nachfragen könnt ihr hier auch gut die Themen einbringen, die euch wichtig sind.

Wer inspiriert Sie?

Die Frage nach Vorbildern ist immer spannend. Wer war ein Vordenker in einem Bereich? Wer tritt besonders überzeugend und authentisch auf? Vielleicht gab es auch eine Art Mentorfigur, die euren Gesprächspartner begleitet hat.

Was möchten Sie von mir wissen?

Schön und gut, dass ihr von Politikern einiges lernt. Aber sie können natürlich genauso auch von euch lernen. Die meisten wissen das und nutzen hoffentlich die Chance.

IN DIESEM KAPITEL

Wie Regieren in Zukunft aussehen könnte

Wie Menschen zu mehr Beteiligung motiviert werden könnten

Wie wir Demokratie besser lernen könnten

Kapitel 19
Zehn streitbare Zukunftsideen für Politik in Deutschland

Menschen sind unzufrieden mit der Politik? Politische Strukturen sind oft veraltet, starr, unmodern? Stimmt. Also brauchen wir neue Ideen und Modelle. Diese zehn Ideen werden teilweise schon ausprobiert, teilweise sind sie noch Gedankenmodelle. Auf jeden Fall sind sie es wert, darüber nachzudenken.

»Smart Governance«

Die Idee: Die Politik lagert komplexe Themen stärker an kompetente Fachleute aus: an Forschungsinstitute, NGOs oder Think Tanks zum Beispiel. Denn sie haben zum einen Expertise, zum anderen denken sie unabhängiger, weil sie sich weder in Parteistrukturen bewegen noch Wähler von sich überzeugen müssen.

Mit diesem Modell ist auch die Hoffnung verbunden, dass die Politik nicht mehr nur auf Probleme reagiert, sondern Themen auch aktiver setzen und angehen kann.

»Experimentelles Regieren«

Der Grundgedanke ist hier, dass die Welt sich ständig verändert und die Politik deshalb auch immer nachbessern muss, statt stur ihren Koalitionsvertrag abzuarbeiten, der vielleicht schon drei Jahre alt ist. Die aktuellen Stände soll sie aus der Praxis bekommen, zum Beispiel von Lehrern, Sozialarbeitern, Polizisten. Aufgrund dieser Impulse passt die Regierung dann ihre Vorhaben laufend an.

»Humble Government«

Demut bedeutet: anzuerkennen, dass man nicht alles weiß, nicht alle Antworten hat, nicht alles richtig macht. Politiker meinen oft, sie müssten immer stark erscheinen, sofort auf alle Probleme eine Antwort parat haben und entschieden und unbeirrbar agieren. »Humble Government« bedeutet, dass Politiker, Regierende eine bessere Fehlerkultur betreiben, ihre Fehler also transparent und ehrlich reflektieren, um daraus lernen und Änderungen ableiten zu können.

Politiker per Los

In Bürgerräten wird diese Idee schon umgesetzt: Bürger, die per Los bestimmt werden, sollen an der Gesetzgebung mitwirken. Sie werden in die Verantwortung genommen, indem sie sich mit einem Thema intensiv beschäftigen und Lösungen entwickeln müssen. Aktuell geben sie ihre Lösungsvorschläge an die Politik weiter, die dann darüber entscheidet. Denkbar wären aber natürlich prinzipiell auch Modelle, in denen Bürgerräte über bestimmte Dinge tatsächlich selbst entscheiden – oder auch politische Ämter, die per Los vergeben werden statt per Wahl.

»Monitorial Citizenship«

Bürger überwachen regelmäßig die Aktivitäten der Regierung. Dadurch beschäftigen sie sich intensiv damit und bringen sich ein. Die Gefahr, dass sie der Politik pauschal misstrauen, wird dadurch kleiner.

Es gibt schon Projekte wie etwa »Abgeordnetenwatch«, die diesen Ansatz verfolgen. Etwas anderes wäre es aber noch mal, wenn die Regierung selbst diese Möglichkeit samt der technischen Umsetzung zur Verfügung stellen würde.

Bedingungsloses Grundeinkommen

Die Idee eines bedingungslosen Grundeinkommens, das jeder Bürger ohne Gegenleistung bekäme, wird schon lange und sehr kontrovers diskutiert. Der Gedanke dahinter ist, dass Menschen den Freiraum bekommen, um sich neben oder auch statt ihrer Arbeit zu engagieren, zum Beispiel politisch. Wie viele das so nutzen würden, ist natürlich eine andere Frage. Man könnte auch über zusätzliche Anreize für ein politisches oder soziales Engagement nachdenken.

Verpflichtendes demokratisches Jahr

Es gibt freiwillige politische, soziale, kulturelle Jahre, die viele Jugendliche nach der Schule machen. Ein verpflichtendes demokratisches Jahr würde bedeuten, dass jeder Mensch, der in Deutschland lebt, ein Jahr lang in einer politischen Institution tätig ist und sich einbringt, zum Beispiel in einer Partei oder einem Verband. Der Staat würde dieses Jahr finanzieren.

Wählen ab 14

Diskutiert wird seit Langem über ein bundesweites Wahlrecht ab 16. Es gibt aber auch viele Experten, die meinen, man sollte Jugendliche schon ab 14 wählen lassen. Sie würden sich dadurch wahrscheinlich intensiver mit politischen Fragen beschäftigen, vor allem aber würden sie Verantwortung empfinden und hätten das Gefühl, dass die Politik sie und ihre Interessen ernst nimmt und anhört. In einer immer älter werdenden Gesellschaft, in der Jugendliche zahlenmäßig sowieso unterrepräsentiert sind, ein wichtiges Zeichen.

Ordentlich streiten lernen

Es gibt viele Angebote der politischen Bildung, in der Schule und auch außerschulisch. Aber an vielen Stellen muss die politische Bildung dringend modernisiert werden.

Zum Beispiel ist es wichtig zu erkennen, dass man Demokratie nicht nur als Jugendlicher lernen sollte, sondern dass das erstens schon vorher passieren kann und sollte, etwa in der Kita, und dass zweitens auch Erwachsene dringenden Bedarf haben.

Es könnte beispielsweise viel mehr und fester verankerte Demokratie-Schulungen für die Mitarbeiter in Behörden und Unternehmen geben.

Politische Bildung an der Schule sollte anders und viel interaktiver aussehen. Wer einmal in einem Planspiel die Aufgabe eines Abgeordneten übernommen und ein Gesetz erarbeitet und durchgefochten hat oder wer eine Diskussion mit Politikern vorbereitet, moderiert und zusammengefasst hat, wird wesentlich mehr dabei gelernt haben als aus jedem Lehrbuch.

Und die politische Bildung sollte viel digitaler werden und die Möglichkeiten von Social Media, Gaming und Co. unbedingt aktiver nutzen.

Digitale Abstimmungen

Über die Frage, ob man an der Bundestagswahl auch digital teilnehmen können sollte, wird immer wieder mal diskutiert. Auf kommunaler Ebene gibt es aber schon Modelle, in denen Bürger online abstimmen oder auch Vorhaben vorab digital diskutieren und eigene Vorschläge einreichen können.

Der Vorteil von digitalen Wahlen wäre, dass mehr Menschen sich beteiligen könnten und die Hemmschwelle niedriger wäre – und dass eine Menge Verwaltungsaufwand wegfallen würde.

Bevor man die Bundestagswahl digitalisiert, könnte man das Format erst mal bei anderen Entscheidungen testen. Es gibt übrigens auch tolle Ideen, solche digitalen politischen Möglichkeiten mit anderen digitalen Angeboten zu verknüpfen. So könnte man zum Beispiel jugendrelevante Umfragen auf landesweiten Lernplattformen einbinden, damit möglichst viele Schüler das auch mitbekommen.

Abbildungsverzeichnis

Stichwortverzeichnis

www.ingramcontent.com/pod-product-compliance
Lightning Source LLC
LaVergne TN
LVHW010429230826
846092LV00009BA/1104

9783527721931